2024年1月改訂

# Q&A 中小企業の「退職金の見直し 設計 運用」の実務

㈲人事・労務チーフコンサルタント
社会保険労務士
川島孝一 著

JN055870

セルバ出版

# 改訂４版　はじめに

本書「中小企業の『退職金の見直し・設計・運用』の実務」の刊行から間もなく10年になろうとしています。これまで、中小企業の退職金制度を担ってきた適年が廃止になり、厚生年金基金も法改正により姿を消しつつあります。昨今では、限定正社員など多様な働き方も増えてきており、働き方改革関連法の施行による「同一労働同一賃金」も今後は退職金に影響を及ぼすことも想定されます。

「適年は廃止になったのでとりあえずすすめられるまま中退共に加入した」「厚生年金基金が解散したが退職金制度とは関係ない」「数年までは賃上げできずに従業員に我慢してもらっていたけれど最近は賃上げをしている」などという声をよく聞きます。

しかし、本当にこれらの問題は退職金制度にまったく影響しないのでしょうか。答えはすべて「No」です。実は、気がつきにくいところで、退職金制度へ影響を及ぼします。

本書では、すでに退職金制度を導入している中小企業の経営者の皆様に退職金制度の根深い問題点に気づいてもらい、どのような考え方や手順で制度変更を進めていけばよいのかがわかるように解説しています。

また、これから退職金制度の導入を検討しようという会社にも、さまざまな退職金制度の特徴や作成方法、退職金制度を維持していく上での必要な資金準備の手法までも説明しています。さらには、多様な働き方や人手不足に対応するための短時間勤務正社員や契約社員、パートタイマーに対する退職金の戦略的な活用方法も示しています。

昨今では、退職者と退職金をめぐるトラブルも増えています。本書ではいざというときに会社を守れる退職金規程の記述方法を、コンサルタントとしての豊富な事例をもとに紹介していますので、「退職金制度そのものは今のところ変更しない」会社も一読の価値があります。

さらに、これまで記述されることの少なかった役員退職金や実務上必要な手続の流れまで、退職金制度のほとんどを網羅した構成になっています。

「給与」「賞与」「退職金」、中小企業の皆様が退職金も３本の柱の１つであることを再認識し、戦略的に活用いただくことを祈念しています。

令和６年１月

社会保険労務士　川島　孝一

2024年１月改訂

# Ｑ＆Ａ 中小企業の「退職金の見直し･設計･運用」の実務　目 次

## ③　今ある退職金制度の見直しのポイントは

## ④　退職金の資金準備はどうすればいい



## ⑤　トラブルを発生させない退職金規程づくりのポイントは

## ⑦　退職金の規程例＆様式例



（令和６年１月１日現在の法令等に基づいています）

# Q1 退職金の改革が叫ばれるのはなぜ

**A** ① 退職金制度は、時代の流れや賃金制度改定による影響などから、制度そのものを見直す必要があります。

② 退職金の資金準備に対する法改正が行われており、制度に見合った退職金の資金準備ができているのか再検討する必要があります。

### ◆終身雇用制度時代の退職金制度

退職金制度は時代の流れに翻弄されてきました。高度成長時代には、終身雇用の名のもと、優秀な人材を確保し、長期勤続を奨励するために、各社退職金制度をこぞって導入しました。

それに輪をかけるかのように、税制適格退職年金制度の導入など国の後押しもあり、中小企業にも退職金制度は大きく広がりました。

### ◆退職金制度そのものの改革の必要性

しかし、近年では労働市場の流動化や非正規雇用の活用がすすみ、終身雇用制度を前提とするこれまでの退職金制度が本当に会社にふさわしいのかという疑問が出てきています。このことにより、大企業を中心に前払退職金制度の導入が進みました。しかし、今また退職金制度の存在意義が見直され、退職金制度へと回帰しているケースもあります。

また、多くの会社で導入された基本給連動型に代表される退職金制度では、賃金制度や人事制度の変化に対応できておらず、会社が気がつかない間に退職金が増えていることもあります。このことは、ひと段落したとはいえ、団塊の世代の退職ラッシュがあったここ数年で表面化した問題です。

そのため、基本給連動型から成果主義を取り入れたポイント制退職金への移行がすすみましたが、ポイント制退職金のデメリットが強調されたり、すぐ目の前の賃金に比べ、退職金制度の検討は後回しにされやすいなどの理由から、退職金制度の変更に踏み切れない中小企業も多くあるようです。

### ◆退職金制度の資金準備からみた改革の必要性

さらには、中小企業の多くが利用してきた税制適格退職年金制度（適年）が平成24年3月に廃止され、この制度を導入していた会社では移行や廃止をするために、多くの労力と時間が割かれました。

中小企業では、適年の廃止にともない、「中小企業退職金共済制度（中退共）」へ移行した企業がもっとも多かったようですが、定年退職金のすべてを準備できる適年と、すべてを準備するのが困難な中退共の制度の相違がもたらす影響に中小企業が気がつくのはまだこれからになります。

また、以前からささやかれていた厚生年金基金の財政状況の悪化が表面化し、平成 26 年 4 月施行の法改正により、その後 5 年間で多くの厚生年金基金が解散していきました。

平成 14 年度の税制改正によって廃止された退職給与引当金を１０年間にわたって取り崩す経過措置も、すでに終了しました。多額の退職金を受け取る定年退職者が出ても、経過措置中は事実上、損益が相殺されてきましたがすでにそれもできなくなっています。

退職給与引当金に代わって導入されたのが、退職給付引当金です。中小企業であっても、決算時に退職給付引当金の計上が必要になるケースも増えてきています。

退職金の資金準備の手法は、退職金制度そのものの制度改定や支給水準の変化にあわせて見直す必要があります（図表 1）。しかし、退職金制度の改定作業もままならない中小企業では、資金準備の方法が適正かどうかを検討する余裕はなかなかないようです。退職金制度によって会社の経営に影響をおよぼさないように、とくに中小企業においては退職金の資金準備を今こそ再検討、再構築する必要があるのです。

**【図表１　退職金制度改革の必要性】**

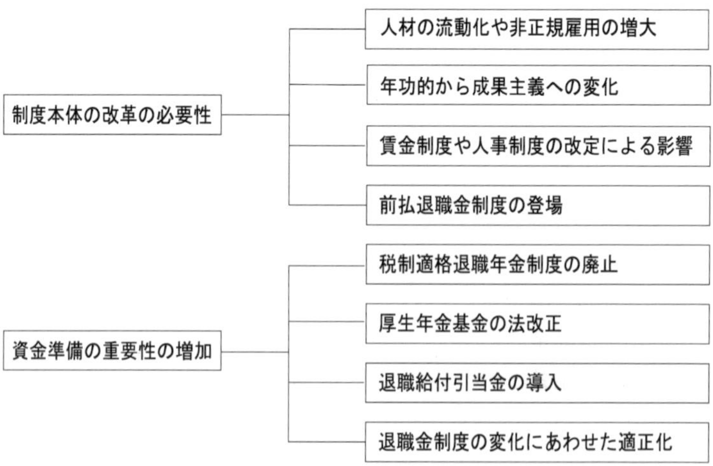

## Q2 中小企業がかかえる退職金の問題点は

**A** ① 賃金制度を見直していても退職金制度は見直ししていない企業が多くあります。

② 退職金制度はあっても、資金準備まで気が回らないケースがあります。

③ 当初の想定を超える退職金額になっていてもすぐには気がつきません。

### ◆見直しをしていない退職金制度

中小企業では、制度導入から一度も退職金制度を見直していないこともあるようです。

退職金は、毎月の給与や賞与と同じように、企業が従業員に対して支給する賃金の一部です。本来ならば、人事制度や賃金制度の修正にあわせて退職金制度も変更していかなければなりません。しかし、ほかの制度の改定に比べて、退職金制度の改定はどうも後回しになってしまうようです。

### ◆人事制度・賃金制度と退職金の関係

一般的な退職金制度は、基本給や等級、役職により金額が変わります。人事制度や賃金制度を変更したのに退職金制度を見直していないということは、古い人事制度で設計した退職金制度を、新しい人事制度で運用していることになります。

賞与は、その時々の企業の業績による原資に応じて、全体の支給額を調整しやすく、実際にもそのようにしているでしょう。また、従業員にも成果配分として理解されやすいので、あまり問題は起きないようです。しかし、退職金は従業員がその存在は知っていても、退職時しか受け取らないことから、その支給水準や企業の狙いを理解していることは少ないようです。

### ◆賃金の中の退職金の位置づけ

退職金を賃金の一部ととらえるならば、賃金制度を成果主義的な制度に変更した場合、①退職金制度も成果主義的な制度とするのか、あるいは反対に②賃金制度で成果主義を強めるので、退職金制度は勤続を重視する制度にするのかなど、いくつもの戦略が考えられます。

給与、賞与、退職金の生涯賃金全体の中で退職金の位置づけを決定するこ

【図表２　生涯賃金の中の退職金の位置づけ】

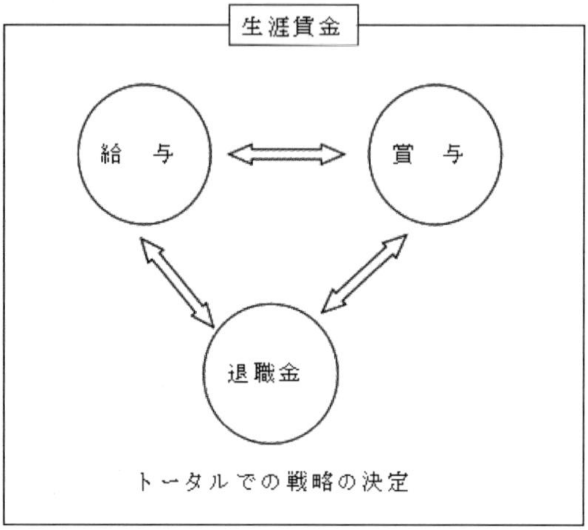


とが大切です（図表２）。

### ◆退職金による資金繰りの負担

団塊の世代の定年退職ラッシュは一段落つきましたが、それでも複数の退職者が発生すると、企業にとって退職金の負担は過大になります。

潤沢な資金のある中小企業が少ない中、一時的に多額のキャッシュが必要となる退職金は、企業の資金繰りを悪化させることがあります。

決算上は退職給付債務を計上していても、キャッシュが準備されているわけではありません。近い将来の退職者を想定し、あらかじめ、退職金の手当をしておくことが大切になります。しかし、中小企業では退職金が毎年かならず発生するわけではないので、つい忘れがちになってしまうようです。

### ◆気がつきにくい退職金の増加

日本の企業で最も多く採用されている基本給に連動した退職金制度では、ベースアップなどで賃金水準が上がると退職金も連動して引き上がっていきます。退職時の基本給を正確に予測することも困難なので、定年時や中途退職時の退職金額は計算、それも推定するしかありません。

また、退職金は勤続年数に応じて支給率も上がっていく制度になっていることが通例です。中小企業ではこれまで新卒から定年まで勤め上げた従業員がほとんどいない会社もあるので、プロパーの退職者が出たときに退職金が多額になっていることにはじめて気づくこともあるのです。

# Q3 退職金は何のためにあるのか

**A**

① 退職金の性格は諸説ありますが、長期間の勤務に対する報償と理解されていることが一般的です。

② 中小企業でも、およそ7割の企業に退職金制度があります。

③ 退職金を支給するのであれば、きちんと規程を整備することが大切です。

### ◆一定期間の働きに報いる

退職金制度はもともと江戸時代の「のれん分け」から始まったといわれています。その後、従業員の定着率の向上を図り、また年功主義賃金における生涯賃金の調整機能を果たすために、浸透・定着してきたとされています。

退職金の性格は図表3にあるように3つの説があります。いずれの説でも、つまるところ一定期間以上の企業での働きに対する支払いであることには変わりはありません。

【図表3 退職金の性格】

| 退職金の性格 | |
|---|---|
| | ① 功労報償説<br>在職中の功労に対する報酬として支払うのが退職金であるという考え方。 |
| | ② 賃金の後払い説<br>在職中に働く人へ支払われるはずであった賃金の一部を退職時に支払うという考え方。 |
| | ③ 生活保障説<br>退職後の働き手に対する生活保障のために支払うものという考え方。 |

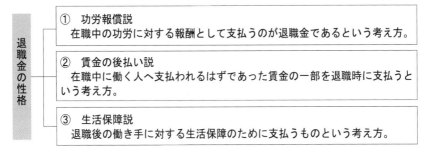

中小企業の経営者にしてみれば、やはり長く働いてもらったことに対する慰労と考えることが多いのではないでしょうか。実際に中小企業の経営者と退職金の話題になると、「がんばって働いてもらったからその分を支払ってあげたい」との声を聞くことがほとんどです。

### ◆退職金制度はあって当たり前

東京都産業労働局の調査によると、およそ70%の企業で退職金制度が導入されており、退職金制度は「あって当たり前」という状況にあります。しかし、IT産業を中心とする創業間もない企業では、制度の導入はこれからという企業も数多くみられます。

**【図表４　規模別退職金制度の導入企業】**

| | |
|---|---|
| 10 人から 49 人までの会社 | 64.6% |
| 50 人から 99 人までの会社 | 82.7% |
| 100 人から 299 人までの会社 | 84.8% |

（出所：東京都産業労働局「中小企業の賃金・退職金事情」（令和４年版）より）

### ◆退職金の法的義務

退職金の支給義務や支給額について定めた法律はありません。しかし、従業員数 10 名以上の会社で退職金制度を設けるときは、就業規則の一部として明文化しなければなりません。

また、パートタイマーに対しては、雇い入れ時の労働条件通知書で退職金の有無を明記する義務があります。

支給義務や支給額についての法律はないので、退職金を支給してもしなくても、あるいはいくら支給するのかについても、会社が自由に決める権利があります。

しかし、退職金制度を決定し、就業規則や退職金規程として定めると、そのときから、退職金は会社にとって支給する「義務」になり、従業員にとっては受け取る「権利」が発生するのです。

### ◆退職金規程を作成せずに退職金を支給するのは危険

ときどき、「退職金規程はないが、退職者が出るとそのときの状況で退職金を支給している」という会社があります。このような会社では、「慣例」で退職金を支給しているととらえられ、従業員全員に退職金を支給する「義務」があると判断される可能性が高まります。

また、このような会社で退職金を受け取れなかった退職者や、受け取ったものの金額が少ないと考える退職者と余計なトラブルに発展するケースもあります。

退職金規程を作成せずに退職金を支給している会社では、退職金のメリットを活かしていないばかりか、せっかく好意で支給した退職金がトラブルに発展するようでは本末転倒です。

退職金制度をつくるのであれば、退職金規程として明文化し、従業員へ知らしめるようにしましょう。

# Q4 退職金のメリット・デメリットは

**A** ① 退職金制度の存在が従業員の定着率の向上や不祥事の抑制効果などを生み出します。

② 退職金は税務上の優遇措置などがあり、受け取る側は給与や賞与より有利になります。

③ 転職を繰り返すなど、勤続が短い従業員は不利になることがあります。

④ 退職金が企業の財務状況に大きな影響を与えることがあります。

### ◆退職金を導入する企業のメリットは

退職金制度を導入する会社のメリットとしては、図表5のようなものがあげられます。

【図表5 企業のメリット】

企業のメリット
- よい人材を確保するための有利な条件提示として
- 働き手の長期継続勤務の推進策として
- 定年や早期退職の円滑化の1つとして
- 不況期の雇用調整を容易にするための1つとして
- 従業員の不法行為に対する抑止力として
- 退職後の守秘義務や競業避止の対価として

会社として、もっとも大きなメリットは、従業員の長期勤続を奨励し、定着をうながす手段になることです。これが退職金制度を導入する一番の狙いといってもよいでしょう。

このほかにも、早期退職のインセンティブに退職金を活用したり、懲戒解雇や諭旨免職などの減額規定を設けることで、従業員の不祥事に対する抑制効果があることなどがあげられます。

最近では、情報漏洩への会社側の対策として、退職後の守秘義務や競業避止義務を退職者に課すことも多くなってきました。これらの退職後の義務の対価として、退職金を活用する会社も増えているようです。

### ◆退職金制度があることによる従業員のメリットは

一方、退職金制度があることで受けられる従業員のメリットは、図表6のようなものがあります。

**【図表６　従業員のメリット】**

- 従業員のメリット
  - 退職後の必要な費用を賄うことができる
  - 企業の労働条件への満足度が高まる
  - 企業へ入ることへの動機となる
  - 長期勤務することへの報奨金となる
  - 税務上や社会保険の控除がなく手取りが増える

従業員からすると、定年退職後に必要な一時的出費（住宅ローンの返済や子どもの結婚など）を賄えたり、定年退職後の再雇用による賃金の低下や離職後の生活を一時的に支える資金になります。また、年金制度をはじめとする社会保障への不安が高まる今日では、定年退職後の長い老後生活の安定を図るための生活資金としての役割も高まっています。

退職金は､これらの理由や離職後に一時的に支払われるものという性質上、その担税力の低さを考慮して税務上の優遇措置があります。また、給与や賞与と違って健康保険や厚生年金といった社会保険料の控除もないので、手取金額が多くなることも大きなメリットです。

### ◆退職金による従業員のデメリットは

退職金は会社と従業員の双方にたくさんのメリットがあるものですが、中途入社など勤続が短いと受け取れる金額が少なくなるというデメリットもあります。また、パートタイマーや契約社員は勤続年数が長くなっても、退職金が受け取れない会社がほとんどです｡非正規社員が増加している昨今では、生涯賃金が大幅に違ってくる退職金はデメリットといえます。

### ◆退職金による企業のデメリットは

会社にとっては、退職金を支給するときの経営状況にかかわらず、一時的に多額の退職金を支給する義務が課されます。そのため、時には決算に悪影響を与えたり、資金繰りの大きな負担となることも考えられます。

会社の財務上の負担になるのは、従業員の退職金支給時に限ったことではありません。確定給付企業年金制度により制度設計をしている会社では、運用環境の悪化により所定の積立額を下回った場合などに、一時的にまとめた資金の投入を求められることもあります。

退職金制度は導入した後も常に状況をチェックすることが大切です。

# Q5 中小企業にとって退職金は本当に必要か

**A** ① 退職金制度があることのメリットとデメリットは表裏一体です。

② 一般的に人材の確保に悩んでいる中小企業こそ、退職金制度の存在が必要になります。

---

### ◆退職金制度をなくした場合のメリット

退職金は企業と従業員の労働契約により支払われる賃金制度の一部です。そうであるならば、給与や賞与で十分な賃金を支払えば退職金を支給しなくても構わないかもしれません。

実際に近年では大企業を中心に、退職金を支給しない代わりに、月々の給与に退職金相当額を上乗せする前払退職金制度に移行している企業が出てきています。

また、終身雇用の概念の薄いＩＴ関連企業を中心に、退職金制度を取り入れずにその分給与水準を高めているケースも見られます。特に知名度が低い企業では採用戦略の一環として、給与水準が高いことが人材の募集に好影響を与えることもあるようです。

本来、企業にとっても、退職金制度を設けずに（あるいは廃止して）、給与や賞与で毎年精算するほうが、一時的な支出を余儀なくされる退職金制度よりも、キャッシュフローを含めた財務面への影響が回避できます。

退職金制度をなくしていく傾向には、従業員側のライフプランに対する意識の変化にも原因があります。

「老後に備えて、まとまった額の退職金を受け取りたい」という従来型のニーズがある一方で、今現在の生活を重視し、「給与が少ない若いころや教育資金がかかる中堅の時代にこそたくさんもらい、そのときどきの生活にあ

【図表７　退職金制度がないときのメリット】

退職金制度を導入せずに給与や賞与で精算するメリット

- 給与や賞与の支給水準を高められる
- 在籍者はその分現在の生活を向上させられる
- 給与水準が高いため採用活動が有利になる
- 毎年精算するため、企業の一時的な支出がなくなる

てたい」と考える人も増えています。

◆退職金制度がなくなることのデメリット

反対に、退職金制度がないと新規採用に悪影響が出ることもあります。先ほどと矛盾するようですが、退職金がない代わりに高めているはずの給与水準が応募者にインパクトがあるほど大きくなければ、退職金制度がある会社を選択する求職者もいます。

また、退職金制度がない会社から、従業員から「退職金があるといい」との声が出たと聞くことがあります。給与は毎月もらっているうちに、その金額が当然もらえる水準であると思われやすく、それにプラスして退職金が欲しくなるようです。

退職金制度を廃止した企業では、廃止した当初は退職金がなくなった代わりに給与水準が高まったことをみんなが理解していたので問題にはなりません。しかし、その後入社した従業員は退職金が廃止になった経緯を知らないので、同様の問題が起きるようです。

これらの現実は、退職金制度がないことが従業員の企業に対する帰属意識の低下や、長期間のキャリアがのぞめないなどのマイナスにつながることを物語っています。

また、給与や賞与に比べて退職金のほうが税務や社会保険上、有利なことは間違いありませんから、生涯の手取額では不利になります。退職金のほうが有利なことを知った従業員の中には、「給与や賞与を減らしてでも退職金で欲しい」と考える方もいるかもしれません。

**【図表８　退職金制度がないときのデメリット】**

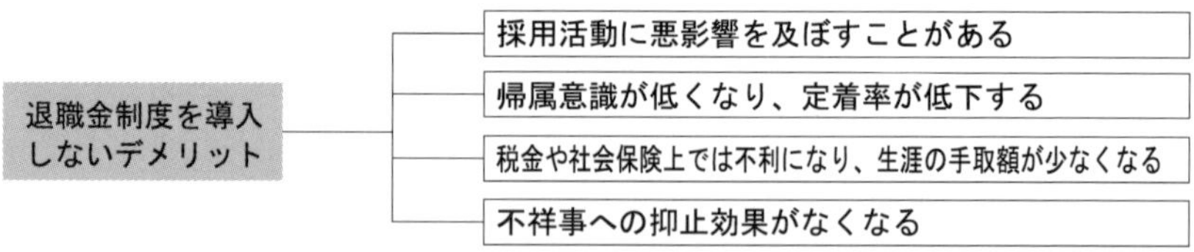
退職金制度を導入しないデメリット
採用活動に悪影響を及ぼすことがある
帰属意識が低くなり、定着率が低下する
税金や社会保険上では不利になり、生涯の手取額が少なくなる
不祥事への抑止効果がなくなる

退職金制度がその企業にとって必要か否かは、その企業が①退職金制度に何を期待するのか、②今後も退職金制度は必要なのか、をゼロベースで検討することが大切です。

しかし、人材確保に頭を悩ませる中小企業こそ、財務面へおよぼす影響や制度を維持する手間の問題などのマイナス面はあっても、退職金制度は今後も存続させ、さらに戦略的に活用することを考えていくべきです。

# Q6 退職金の有無で生涯手取りが違うってホント

A ① 退職金は税務上の優遇措置があり､社会保険料もかかりません。
② 40 年間勤務し、退職金が 2,000 万円だとすると、給与や賞与で受け取るより、500 万円以上手取りが増える計算になります。

### ◆退職金は給与所得ではない

退職金は、永年の勤務に対する勤続報酬的給与であるという面からすると給与所得の一形態であると考えられます。しかし、退職金は一時に支給される点や老後の生活保障的な最後の所得であることなどによる担税力などを考慮して、課税の累進性を軽減するために税務上は給与所得とは別の「退職所得」として区分されています。

また、給与や賞与と違って健康保険や厚生年金といった社会保険料や、労働保険料の対象となる賃金にもあたらないので､これらの控除もありません。

### ◆退職金にかかる税金

詳細な計算方法はQ78で説明しますが、一定額を超える退職金には、所得税と住民税がかかります。しかし、退職所得には、図表９のような大幅な非課税枠が設けられています。

【図表９　退職金の非課税枠】

| 勤続年数 | 非課税枠の計算式 |
| --- | --- |
| 勤続 20 年まで | 勤続年数 ×40 万円（80 万円に満たない場合は、80 万円） |
| 勤続 20 年以上 | （勤続年数－20 年） ×70 万円＋800 万円 |

退職金がこの範囲内であれば、全額非課税となり、所得税や住民税はまったくかかりません。

例えば、勤続 20 年であれば 800 万円、勤続 40 年であれば 2,200 万円以内の退職金であれば非課税となり、社会保険料の控除もありません。退職者本人は額面通りの金額を受け取ることができます。

### ◆退職金制度がないと

では実際に、生涯賃金が一緒だとすると、その一部を退職金で受け取る場合と、退職金制度がなく、すべて給与や賞与で受取る場合の手取りとはどのくらい違うでしょうか。

退職金相当額を毎月の給与でもらっても、半年あるいは年1回の賞与でもらっても、その支給を受けた年の所得税や支給を受けた翌年の住民税は基本的には同額になります。社会保険料は、給与で受け取る場合と賞与で受け取る場合は多少計算が異なりますが、大きな差異はありませんので、ここでは計算をわかりやすくするため、退職金相当額を年1回の賞与ですべて支給するものとして考えます。

例えば、20歳から60歳までの40年間勤務し、退職金相当額が2,000万円だとします。

退職金で受け取る場合は退職所得控除の範囲内ですので、何も控除されずに2,000万円の全額が受け取れる計算になります。

賞与で40年間毎年50万円を受け取るとした場合は、所得税と社会保険料が引かれますので手取りは少なくなります。また、賞与で受け取る場合は翌年の住民税も増加しますので、最終的には、およそ545万円が控除されることになります。

【図表10　退職金と前払退職金の手取額の違い】

**勤続40年の人が退職金で2,000万円を受け取る場合**

退職金2,000万円－所得税・住民税　なし　－　社会保険料　なし

→　手取り　2,000万円

**40年間毎年賞与に50万円を加算した場合**

| | |
|---|---|
| 健康保険（料率5.0%） | : 25,000円 ×40年 |
| 介護保険（料率0.91%） | : 4,550円 ×20年（40歳以上が対象） |
| 厚生年金保険（料率9.15%） | : 45,750円 ×40年 |
| 雇用保険（料率0.6%） | : 3,000円 ×40年 |
| 所得税（給与所得控除20%：税率5%） | : 20,000円 ×40年 |
| 復興特別所得税（所得税額 ×2.1%） | : 420円 ×20年（令和19年までの時限措置） |
| 住民税（給与所得控除額20%：税率10%） | : 40,000円 ×40年 |
| 40年間の控除合計額 | : 5,449,400円 |

→　手取り　およそ　1,455万円

＊健康保険、介護保険、厚生年金保険、雇用保険は令和5年12月現在の一般的な料率で計算しています。

＊所得税と住民税は年収400万円で計算しています。

# Q7 退職金の有無で会社負担が違うってホント

**A** ① 退職金は社会保険料がかからないので、会社負担もありません。
② 20年間勤務した従業員に退職金2,000万円を支給すると、給与や賞与で支給するよりもおよそ325万円社会保険料の負担が軽減される計算になります。

---

◆退職金を導入する企業のメリットは

従業員が退職金で受け取る場合にメリットがあるように会社にも退職金で支給するメリットがあります。

退職金相当額を給与や賞与で支給すると、社会保険や労働保険といった法定福利費がかかります。

しかし、退職金は労働保険や社会保険上の賃金にはあたらず、この法定福利費が不要となります。いったい給与や賞与で支給する場合とどのくらい違うのでしょうか。

◆退職金制度がないと

例えば、20歳から60歳までの40年間勤務し、退職金相当額が2,000万円だとします。退職金で支給する場合はこのほかの会社負担はありません。

賞与で40年間毎年50万円を支給する場合は、支給額の他に、総額でおよそ325万円強の会社負担がかかります。

【図表11　退職金と前払退職金の会社負担の違い】

| 40年間毎年賞与に50万円を加算した場合 | |
|---|---|
| 健康保険（料率5.0%） | ：25,000円×40年 |
| 介護保険（料率0.91%） | ：4,550円×20年（40歳以上が対象） |
| 厚生年金保険（料率9.15%） | ：45,750円×40年 |
| 子ども・子育て拠出金（料率0.36%） | ：1,800円×40年 |
| 労働保険（料率1.252%） | ：6,260円×40年（一般拠出金・雇用保険を含む） |
| 40年間の法定福利費合計額 | ：3,243,400円 |

＊健康保険、介護保険、厚生年金保険、雇用保険は令和5年12月現在の一般的な料率で計算しています。
＊労働保険は業種により異なります。最低料率業種で計算しています。

# Q8 一時金と年金の違いは

**A** ① 退職金を一時金で支給する会社と年金で支給する会社があります。
② 退職年金は大企業で多く導入されていますが、年金だけではなく、一時金と併用している会社が多くなっています。
③ 退職年金の受取りは、税務上、雑所得になります。

---

### ◆退職一時金と退職年金の違い

退職金の支給方法には大きくわけて2種類があります。

従業員の退職時にまとめて退職金を支給する方法を「退職一時金」と呼びます。一般的に中小企業で退職金と呼べば、退職一時金を指すことが多いようです。

従業員の退職金を、退職後数年かけて年金のように支給するものを「退職年金（企業年金）」と呼びます。退職年金は会社が退職金を分割して支給するのではなく、一部の大企業を除き、基本的には外部機関から従業員へ支給してもらいます。そのため、退職年金で支給する場合は、外部機関に委託して退職年金制度を設けなければなりません。

両者は、退職金の意義が違います。定年退職時にまとめて住宅ローンの返済をしたり、老後の生活準備をするための投資資金にするには、退職一時金でまとまった資金が必要です。

反対に老後の生活水準を下げないための生活保障を考えれば、退職年金で少しずつ受け取ったほうがよいのかもしれません。

### ◆退職年金を導入している企業は

退職一時金が事業規模を問わず幅広く導入されているのに対して、退職年金は大企業で導入されている傾向にあります。現在のところ、中小企業では退職一時金での支給が多く、大企業は退職一時金と退職年金を併用しているところが多いようです（図表12）。

これは、退職年金は法律上の制約があり、制度運営にはコストがかかるため、中小企業には負担が大きく、そもそも導入することが難しいことが考えられます。

## 【図表 12　退職一時金・退職年金の採用状況】

【単位：社】

| | 集計企業数 | 制度あり | 退職一時金のみ | 退職一時金と退職年金の併用 | 退職年金のみ | 制度なし | 無回答 |
|---|---|---|---|---|---|---|---|
| 調査産業計 | 1,012<br>(100.0) | 724<br>( 71.5)<br>〈100.0〉 | 525<br>〈 72.5〉 | 164<br>〈 22.7〉 | 35<br>〈 4.8〉 | 286<br>( 28.3) | 2<br>( 0.2) |
| 労組有 | 75<br>(100.0) | 63<br>( 84.0)<br>〈100.0〉 | 36<br>〈 57.1〉 | 23<br>〈 36.5〉 | 4<br>〈 6.3〉 | 11<br>( 14.7) | 1<br>( 1.3) |
| 労組無 | 937<br>(100.0) | 661<br>( 70.5)<br>〈100.0〉 | 489<br>〈 74.0〉 | 141<br>〈 21.3〉 | 31<br>〈 4.7〉 | 275<br>( 29.3) | 1<br>( 0.1) |
| 建設業 | 85<br>(100.0) | 74<br>( 87.1)<br>〈100.0〉 | 51<br>〈 68.9〉 | 23<br>〈 31.1〉 | –<br>– | 11<br>( 12.9) | –<br>– |
| 製造業 | 274<br>(100.0) | 242<br>( 88.3)<br>〈100.0〉 | 169<br>〈 69.8〉 | 62<br>〈 25.6〉 | 11<br>〈 4.5〉 | 31<br>( 11.3) | 1<br>( 0.4) |
| 情報通信業 | 50<br>(100.0) | 32<br>( 64.0)<br>〈100.0〉 | 15<br>〈 46.9〉 | 13<br>〈 40.6〉 | 4<br>〈 12.5〉 | 18<br>( 36.0) | –<br>– |
| 運輸業，郵便業 | 55<br>(100.0) | 33<br>( 60.0)<br>〈100.0〉 | 24<br>〈 72.7〉 | 8<br>〈 24.2〉 | 1<br>〈 3.0〉 | 21<br>( 38.2) | 1<br>( 1.8) |
| 卸売業，小売業 | 195<br>(100.0) | 127<br>( 65.1)<br>〈100.0〉 | 101<br>〈 79.5〉 | 22<br>〈 17.3〉 | 4<br>〈 3.1〉 | 68<br>( 34.9) | –<br>– |
| 金融業，保険業 | 43<br>(100.0) | 33<br>( 76.7)<br>〈100.0〉 | 14<br>〈 42.4〉 | 14<br>〈 42.4〉 | 5<br>〈 15.2〉 | 10<br>( 23.3) | –<br>– |
| 不動産業，物品賃貸業 | 30<br>(100.0) | 21<br>( 70.0)<br>〈100.0〉 | 15<br>〈 71.4〉 | 3<br>〈 14.3〉 | 3<br>〈 14.3〉 | 9<br>( 30.0) | –<br>– |
| 学術研究，専門・技術サービス業 | 58<br>(100.0) | 40<br>( 69.0)<br>〈100.0〉 | 30<br>〈 75.0〉 | 7<br>〈 17.5〉 | 3<br>〈 7.5〉 | 18<br>( 31.0) | –<br>– |
| 宿泊業，飲食サービス業 | 49<br>(100.0) | 17<br>( 34.7)<br>〈100.0〉 | 14<br>〈 82.4〉 | 2<br>〈 11.8〉 | 1<br>〈 5.9〉 | 32<br>( 65.3) | –<br>– |
| 生活関連サービス業，娯楽業 | 33<br>(100.0) | 20<br>( 60.6)<br>〈100.0〉 | 16<br>〈 80.0〉 | 4<br>〈 20.0〉 | –<br>– | 13<br>( 39.4) | –<br>– |
| 教育，学習支援業（学校教育を除く） | 32<br>(100.0) | 18<br>( 56.3)<br>〈100.0〉 | 17<br>〈 94.4〉 | –<br>– | 1<br>〈 5.6〉 | 14<br>( 43.8) | –<br>– |
| 医療，福祉 | 43<br>(100.0) | 19<br>( 44.2)<br>〈100.0〉 | 17<br>〈 89.5〉 | 1<br>〈 5.3〉 | 1<br>〈 5.3〉 | 24<br>( 55.8) | –<br>– |
| サービス業（他に分類されないもの） | 65<br>(100.0) | 48<br>( 73.8)<br>〈100.0〉 | 42<br>〈 87.5〉 | 5<br>〈 10.4〉 | 1<br>〈 2.1〉 | 17<br>( 26.2) | –<br>– |
| 10～49人 | 642<br>(100.0) | 415<br>( 64.6)<br>〈100.0〉 | 330<br>〈 79.5〉 | 72<br>〈 17.3〉 | 13<br>〈 3.1〉 | 226<br>( 35.2) | 1<br>( 0.2) |
| 50～99人 | 225<br>(100.0) | 186<br>( 82.7)<br>〈100.0〉 | 141<br>〈 75.8〉 | 34<br>〈 18.3〉 | 11<br>〈 5.9〉 | 38<br>( 16.9) | 1<br>( 0.4) |
| 100～299人 | 145<br>(100.0) | 123<br>( 84.8)<br>〈100.0〉 | 54<br>〈 43.9〉 | 58<br>〈 47.2〉 | 11<br>〈 8.9〉 | 22<br>( 15.2) | –<br>– |

（ ）〈 〉内は構成比(%)

（出所：東京都産業労働局「中小企業の賃金・退職金事情（令和４年版）」）

また、企業規模を問わず、退職時にある程度のまとまった資金が欲しいという退職者のニーズは高いため、退職年金だけの制度設計に企業が二の足を踏む現状もあります。

そのため、退職金の支給水準が高い大企業ではその一部を退職年金にして退職一時金と併用することが可能ですが、支給水準がそれほど高くない中小企業では退職一時金だけの支給になることが多いようです。

◆退職年金の税務上の取扱い

退職者が受け取る退職一時金は、その特殊性から「退職所得」として優遇されていることはＱ６でも説明しました。

それでは退職年金の場合はどうなるでしょうか。

税務上は退職年金で受け取る場合は退職所得ではなく、「雑所得」になり、受け取った退職年金は、国民年金や厚生年金など他の公的年金と合算されます。

雑所得にも公的年金等控除額があり、このほかにも基礎控除や扶養控除がありますので、一定額までは非課税になります。年金収入以外の所得がなく、70歳未満の配偶者がいる場合は、図表13の金額までが所得税は非課税となります。

【図表13　年金収入の非課税枠】

| | 公的年金等控除額 | 年金収入の所得税非課税上限額 |
|---|---|---|
| 65歳未満 | 年間　60万円 | 年間　146万円以下 |
| 65歳以上 | 年間　110万円 | 年間　196万円以下 |

退職年金であっても、退職者が選択すれば一時金として受け取れる制度になっていることがほとんどです。中小企業では、退職一時金が退職所得控除額を超えて課税となるケースはあまりありません。

しかし、退職年金に国民年金や厚生年金など他の公的年金を合わせた金額が所得税非課税上限額を超えることはよくありますので、結果として退職者が一時金を選択するケースが多くなります。

また、転職目的などの中途退職者は将来の老後の資金を考えるより、退職時に資金が必要と考えるケースがほとんどです。そのため、退職年金にはあまり魅力や必要性を感じません。

これらのことも中小企業で退職年金が普及しない原因になっています。

# Q9 これからの退職金の考え方は

**A** ① 退職金制度が自社にとって本当に必要かをゼロベースで考えましょう。

② 退職金制度に成果主義を取り入れるかは、給与や賞与を含めた賃金制度全体を見て決めましょう。

**◆退職金制度は必要か**

退職金は企業と従業員の労働契約により支払われる賃金制度の一部です。そうであるならば、給与や賞与で十分な賃金を支払えば退職金を支給しなくても構わないかもしれません。

実際に近年では大企業を中心に、退職金を廃止して、月々の給与に退職金相当額を上乗せする前払退職金制度に移行している企業が出てきています。また、終身雇用の概念の薄いＩＴ関連企業を中心に、退職金制度を取り入れずにその分の給与水準を高めているケースも見られます。

しかし、退職金制度をなくしてしまうと、新規採用時に悪影響が出ることがあります。また、従業員の企業に対する帰属意識が薄くなり、長期間のキャリアがのぞめないなどのマイナス面も聞かれます。

まずは、企業が自社の置かれている立場や定着率などの状況に合わせて、①退職金制度に何を期待するのか、②今後も退職金制度は必要なのか、をゼロベースで検討することが大切です。

**◆退職金に貢献度の反映は必要か**

退職金制度は成果主義的要素を強くした制度から、まったく成果主義を除外した勤続重視の制度までさまざまな制度があります。

企業への貢献度を退職金にどのくらい反映させるかについての正解はありません。それぞれの企業の退職金に対する考え方１つです。

企業における最近の退職金制度の再設計を見ていると、その多くはポイント制退職金など在職中の貢献度を退職金支給額に反映させるシステムが取り入れられています。これは賃金制度全体の流れを見ると当然のことかもしれません。

しかし、「給与や賞与を貢献度が反映されるシステムに変更したのだから、退職金も同じように貢献度を反映させる」のが、その企業に本当に合っているかは今一度考える必要があります。

**◆退職金は生涯賃金の一部**

退職金制度を廃止し、前払退職金を導入したけれども、ふたたび退職金制度を取り入れた企業もあります。また、ポイント制退職金制度を導入した企業でも、制度が複雑でポイント管理が上手くいかず混乱している企業もあります。

退職金制度は、ほかの給与や賞与に比べて、もっとも企業がその考え方を打ち出しやすい制度です。

賃金制度全体のバランスが大切なので、給与、賞与、退職金の３種類にそれぞれどのような役割を持たせるか明確なポリシーを持つことが必要です。ポリシーが不明確で従業員に説明できない退職金制度は、残念ながらその存在意義を活かしきれていないことになります。

企業に対する貢献は給与や賞与で十分反映させているので、退職金については勤続を重視するという考え方も正解です。反対に長く勤続しただけで貢献が少なかった人の退職金が高いのはやはり納得がいかないというのも理解できます。

また、給与は生活保障もあるのでどうしても年功的にならざるを得ないため、賞与と退職金で大きく差をつけるという考え方も一理あります。

退職金制度のみで考えるのではなく、図表 14 のように生涯賃金としてみたときに従業員の会社に対する貢献をどこで反映させるか、それぞれの配分はどうするかを考えることが大切です。

**【図表 14　給与、賞与、退職金への貢献度の反映の仕方】**

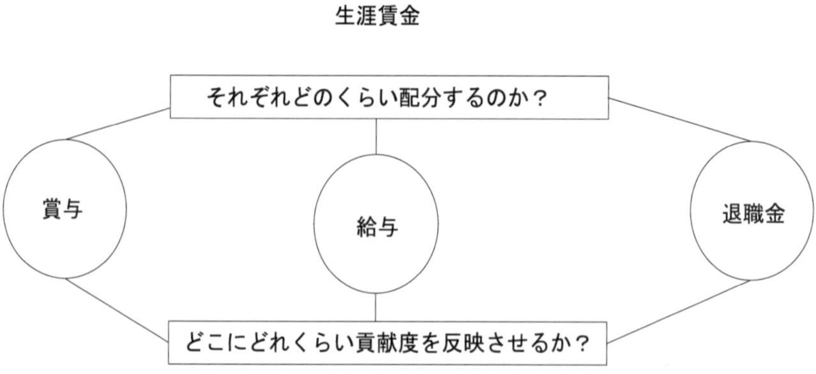

# Q10 中小企業の退職金はどうすればいい

**A** ① 退職金制度はシンプルで、賃金制度から独立していることが大切です。
② 将来制度変更ができる柔軟な退職金制度がのぞまれます。
③ パートタイマーや定年再雇用者への支給も検討する価値があります。

---

### ◆中小企業の理想の退職金

賃金制度全体の中での退職金の位置づけが大切なのですが、実際に中小企業ではどのような退職金制度が求められるのでしょうか。

中小企業では専門の人事担当者がいないケースも多くあります。従業員数が 100 名以下であれば、人事担当者といっても、総務や経理業務を兼任していることがほとんどでしょう。このような状態で複雑なシステムを導入するとパンクしてしまいます。退職金を決定する要素を多くすれば、従業員にとっても複雑でわかりにくいものになり、実際の運用も大変になります。

シンプルなシステムであれば、定額制や基本給連動型の退職金制度が有効です。企業への貢献をもう少し加味したければ、定額制に役職加算制度を追加したり、勤続ポイントと役職ポイントだけの簡略なポイント制などが考えられます。あまり制度を複雑にしないためにも、加算対象やポイントの対象項目はできるだけ少数に絞りましょう。

### ◆賃金制度とは分けて考えよう

中小企業では賃金制度から独立した退職金とすることが大切です。これまで多くの企業で用いられてきた基本給連動型退職金制度では、基本給の変化が退職金にも影響を及ぼすという弊害があります。

中小企業では賃金制度そのものが確立していないケースもあり、中途採用者であれば前職の給与、新卒者であればその時々の世間相場で採用時賃金が決まることも多々あります。また、昇給も企業の業績によって明確な決定基準がないまま行われることもあります。

このような状態で退職金制度を賃金制度に連動させるのはとても危険です。定額制や別テーブル方式、ポイント制など賃金制度とは切り離して考えられる退職金制度を導入しましょう。

### ◆将来さらに変更できるシステムに

最後のポイントは柔軟性を持った制度とすることです。退職金制度を賃金制度と切り離しておいたとしても、賃金制度や人事制度が変更になると退職金制度も影響を受けることが考えられます。退職金制度は入社したばかりの新卒からすると、およそ40年後の議論をしていることになります。この間、まったく賃金制度や人事制度を変更しないことはないでしょう。

例えば、役職加算のシステムとしていた場合に役職の責任度合いが変わったり、新しい役職ができるかもしれません。また、将来の経営者が退職金制度に成果主義を導入しようと考えるかもしれません。

これらを今からすべて想定しておくことは不可能です。制度変更時にそれまでの精算がしやすく、制度も変更しやすいのはポイント制退職金です。

ポイント制は履歴管理が大変だとよく聞きますが、年1回退職金ポイントを従業員に通知しておくなど、運用方法を工夫すれば十分カバーすることができます。中小企業であっても簡便なポイント制であれば実際の作業負担はあまりありませんので、導入を検討してみたらいかがでしょうか。

【図表15　中小企業で求められる退職金制度】

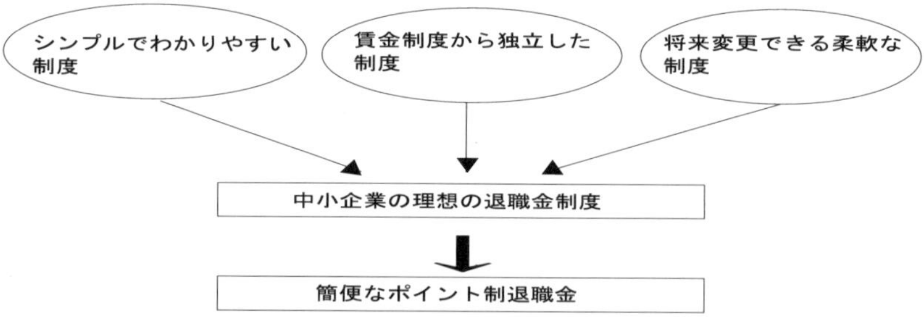


### ◆パートタイマーや嘱託社員にも退職金を

退職金は正社員に対するものと思いがちですが、パートタイマーや定年再雇用後の嘱託社員に支給することも可能です。人材不足に悩む中小企業こそ、パートタイマーの長期勤続を奨励する意味でも退職金制度を活用するメリットがあります。

また、65歳までの雇用延長が義務づけられた昨今ではどの中小企業にも定年再雇用になった嘱託社員がいるようになってきています。嘱託社員の多くは途中で退職する可能性は低く、また65歳のゴールが見えているので、退職所得の税務上のメリットを最もいかしやすいともいえます。パートタイマーや嘱託社員へ、退職金を戦略的に活用してみてはいかがでしょうか。

# Q11 はじめて退職金を導入するときは

**A** ① 10名以上の労働者を使用する場合は、退職金規程を労働基準監督署へ届け出ます。

② 10名以下でも、トラブル防止のためにも退職金規程を作成しましょう。

③ 一度作成した退職金規程の廃止や減額はなかなかできません。

④ 給与や賞与を退職金に振り替える場合は慎重な対応が必要です。

**◆退職金を支払うことを明示すれば支給義務が生じる**

退職金は、法律上支払わなければならないものとは違います。しかし、雇用契約書に退職金を支払うことを明示したり、退職金規程を作成すると、労働基準法上の「賃金」に該当し、法的に支払義務が生じます。

**◆退職金の定めがあれば就業規則に記載**

常時10名以上の労働者を使用する事業所では、就業規則を定めなければなりません（図表16）。

退職金に関する事項は、退職金制度があれば就業規則にかならず記載する項目なので、常時10名以上労働者を使用する事業所で退職金制度をはじめるときは、就業規則に記載するか、退職金規程を作成することになります。

かならず記載しなければならないのは、①適用される労働者の範囲、②退職金の決定方法、③計算および支払いの方法、④支払いの時期に関する事項、です。作成した退職金規程は事業所のある労働基準監督署へ届け出ます。

従業員が10名未満の事業所では退職金規程を作成する義務はありません。しかし、計算根拠のない支給をしていると、退職金を受け取れない退職者や

**【図表16　退職金の定めは労基署へ届け出る】**

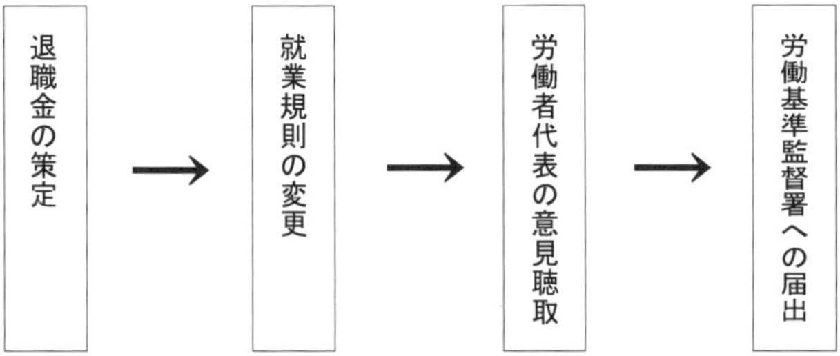

退職金が少ないと感じる退職者との間でトラブルになる危険性が高まります。監督署への届け出はしなくても、規程を作成したほうがよいでしょう。

### ◆性別等による差別的な扱いは禁止

退職金の支給条件や支給率等について、労働者の国籍や信条、社会的身分、性別による差別的な取扱いはすることはできません。例えば、「女性の結婚退職は会社都合扱いとする」という規定はこれに違反します。

### ◆退職金の有無は明示が義務づけられている

退職金に関する事項は、入社時に明示することが義務づけられています(口頭可)。さらに、パートタイマーに対しては、退職金の有無を入社時に交付する労働条件通知書や雇用契約書に記載しなければなりません。なお、本人が希望する場合には、ＦＡＸやメールでの通知でもかまいません。

【図表 17　退職金の通知方法】

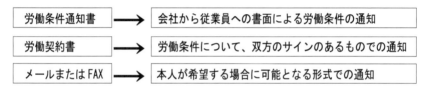

| | | |
|---|---|---|
| 労働条件通知書 | → | 会社から従業員への書面による労働条件の通知 |
| 労働契約書 | → | 労働条件について、双方のサインのあるものでの通知 |
| メールまたはFAX | → | 本人が希望する場合に可能となる形式での通知 |

### ◆廃止・減額は難しいことを覚悟

退職金制度を実施する企業はおよそ80％といわれていますが、昨今、この退職金に関するトラブルが増加しています。

退職金制度を一度作成すると、それを廃止したり支給水準を引き下げることは困難です。会社の業績が悪いからといって、会社が一方的に退職金を廃止したり、支給水準を引き下げることはできません。現在の経営状況だけでなく、将来も支払い可能な水準の退職金制度にすることが大切です。

### ◆賞与や給与を引き下げて退職金制度をつくる

はじめて退職金制度を導入するときに、これまでの給与や賞与の水準は変えずに、退職金を上乗せにする場合は特に心配はありません。

しかし、給与や賞与の一部を退職金制度に振り替えるのは、重要な労働条件の変更になりますので、基本的には従業員の同意が必要です。従業員にとってはかならずしも不利益になるわけではありませんが、このような方法で退職金制度を導入するのであれば慎重な対応が必要です。

# Q12 退職金はどのくらい支給すればいい

**A** ① 退職金の支給水準はさまざまですが、企業規模や業種、地域等の情報を参考にします。

② 統計資料は絶対ではないので、参考資料にとどめます。

③ 将来も持続できる水準で、自社の想いを取り入れることが大切です。

……………………………………………………………………………………

### ◆各種のデータを参考にする

退職金の水準に関しては、さまざまな考え方がありますが、まずは自社の業種、規模、地域等の情報を総合的に考える必要があります。また、同時に会社としてどこまで支払えるのか、あるいはどのくらい支給したいと思っているのかの想いを取り入れることが大切です。

図表 18 は、東京都が従業員 10 人～ 300 人未満の都内中小企業を対象に調

【図表 18　モデル退職金（調査産業計）】

【単位：年、歳、社、千円】

| 学歴 | 勤続年数 | 年齢 | モデル所定時間内賃金 | | 自己都合退職 | | | 会社都合退職 | | |
|---|---|---|---|---|---|---|---|---|---|---|
| | | | | | 退職金支給額 | | 支給率（月数） | 退職金支給額 | | 支給率（月数） |
| | | | 記入企業数 | 金額A | 記入企業数 | 金額B | B/A | 記入企業数 | 金額C | C/A |
| 高校卒 | 1 | 19 | 216 | 186 | 57 | 65 | 0.3 | 97 | 99 | 0.5 |
| | 3 | 21 | 199 | 196 | 244 | 189 | 1.0 | 245 | 274 | 1.4 |
| | 5 | 23 | 196 | 208 | 273 | 358 | 1.7 | 267 | 489 | 2.4 |
| | 10 | 28 | 207 | 238 | 287 | 907 | 3.8 | 277 | 1,223 | 5.1 |
| | 15 | 33 | 194 | 263 | 273 | 1,705 | 6.5 | 265 | 2,148 | 8.2 |
| | 20 | 38 | 197 | 289 | 277 | 2,729 | 9.4 | 270 | 3,284 | 11.4 |
| | 25 | 43 | 185 | 320 | 264 | 3,971 | 12.4 | 256 | 4,656 | 14.6 |
| | 30 | 48 | 186 | 346 | 266 | 5,325 | 15.4 | 258 | 6,046 | 17.5 |
| | 35 | 53 | 182 | 373 | 257 | 6,725 | 18.0 | 250 | 7,575 | 20.3 |
| | 37 | 55 | 182 | 381 | 249 | 7,415 | 19.5 | 240 | 8,486 | 22.3 |
| | 定年 | | 181 | 429 | - | - | - | 221 | 9,940 | 23.2 |
| 高専・短大卒 | 1 | 21 | 204 | 198 | 58 | 74 | 0.4 | 94 | 108 | 0.5 |
| | 3 | 23 | 188 | 209 | 225 | 204 | 1.0 | 223 | 288 | 1.4 |
| | 5 | 25 | 185 | 222 | 248 | 385 | 1.7 | 239 | 517 | 2.3 |
| | 10 | 30 | 183 | 251 | 254 | 987 | 3.9 | 246 | 1,269 | 5.1 |
| | 15 | 35 | 182 | 282 | 252 | 1,837 | 6.5 | 243 | 2,274 | 8.1 |
| | 20 | 40 | 179 | 312 | 252 | 2,924 | 9.4 | 244 | 3,465 | 11.1 |
| | 25 | 45 | 177 | 345 | 247 | 4,230 | 12.3 | 237 | 4,935 | 14.3 |
| | 30 | 50 | 174 | 374 | 247 | 5,658 | 15.1 | 238 | 6,459 | 17.3 |
| | 35 | 55 | 173 | 397 | 244 | 7,074 | 17.8 | 236 | 8,017 | 20.2 |
| | 定年 | | 170 | 444 | - | - | - | 198 | 9,832 | 22.1 |
| 大学卒 | 1 | 23 | 276 | 214 | 77 | 95 | 0.4 | 121 | 132 | 0.6 |
| | 3 | 25 | 270 | 227 | 304 | 238 | 1.0 | 296 | 338 | 1.5 |
| | 5 | 27 | 267 | 252 | 337 | 470 | 1.9 | 319 | 641 | 2.5 |
| | 10 | 32 | 263 | 276 | 340 | 1,121 | 4.1 | 326 | 1,498 | 5.4 |
| | 15 | 37 | 256 | 311 | 329 | 2,129 | 6.8 | 317 | 2,658 | 8.5 |
| | 20 | 42 | 256 | 350 | 334 | 3,431 | 9.8 | 321 | 4,147 | 11.8 |
| | 25 | 47 | 245 | 384 | 322 | 4,906 | 12.8 | 308 | 5,782 | 15.1 |
| | 30 | 52 | 245 | 413 | 324 | 6,536 | 15.8 | 311 | 7,542 | 18.3 |
| | 33 | 55 | 242 | 432 | 315 | 7,760 | 18.0 | 302 | 8,762 | 20.3 |
| | 定年 | | 234 | 478 | - | - | - | 276 | 10,918 | 22.8 |

出所：東京都産業労働局「中小企業の賃金・退職金事情（令和４年版）」

査した退職金の統計です。中小企業が退職金の支給水準を考える際の目安として活用できるでしょう。

なお、モデル退職金とは、学校を卒業してすぐに入社した者が、標準的な能力と成績で勤務した場合に支給される退職金の金額です。そのため、実際の支給には上下の幅があることに注意が必要です。

**◆地方や業種で水準が異なる**

図表 18 の中小企業を対象とした統計では、大卒・60 歳定年退職者の退職金はおよそ 1,100 万円になっています。一方、大企業が中心の中央労働委員会「令和３年賃金事情等総合調査」では、同じく大卒・60 歳定年退職者の退職金はおよそ 2,500 万円となっており、中小企業は大企業の半分以下の水準と考えられます。企業規模は単純に２つに分けられませんが、参考にはなるでしょう。

また、同じような規模の中小企業を対象にした統計であっても、東京や首都圏とその他の地方を比較すると、かなりの差があるケースがあります。さらには、業種によっても支給額が大きく異なります。

各地方の商工会議所等では、それぞれの地方や業種別の退職金の統計資料を保有しているところが多くありますので、それぞれの地域や業種にあった統計資料を参考にしてください。

**◆統計資料を過信しない**

各種統計資料の特徴としては、支給水準が低い企業の回答が少なくなりやすく、そのため比較的古くから退職金制度を設けていて支給水準の高い企業が多く含まれることがあげられます。これから退職金制度を作成しようとする会社や、制度の見直しをしようとする会社とのコンサルティング現場で実感する金額より、やや高めの水準が示されていることが多いようです。

退職金は、給与や賞与の水準とのバランスが必要です。かといって、あまり少ない退職金では、「ウチの会社はこの位しか退職金で出ないのか」と従業員に受け止められ、退職金の存在自体がむしろ逆効果になってしまうこともあります。

退職金の支給水準で一番大切なのは、「自社の将来にわたる支払能力をふまえた上での経営者の想い」です。中小企業の経営者からよく聞くのは、「フルに 40 年間勤務した場合に最低 1,000 万円を支給してあげたい」という想いです。

# Q13 定年と自己都合はどれくらい差をつければいい

**A** ① 青天井にするのではなく、一定の勤続年数で頭打ちになる制度設計にしましょう。

② 自己都合退職は勤続年数にかかわらず、定年退職との差をつけておきましょう。

③ 会社都合と自己都合ではなく、定年と中途退職で差がつく制度設計にしましょう。

## ◆定年退職金の考え方

中小企業では新卒採用が少なく、その分中途入社が多いこともあり、プロパーの意味合いが大企業とは少し異なります。中小企業では、20歳代の前半で入社した従業員は、ほぼ新卒と変わらないと考えているようです。

定年退職金の支給カーブを決定するときに、これまでの退職金制度では勤続年数の上昇とともに支給率や支給額が青天井に上昇することも多く見られました。しかし、定年延長の流れはこれからも強まると予想され、最長になる勤続年数は次第に延びていきます。

20代の前半から60歳までであれば、勤続35年程度になります。中小企業の退職金制度では、勤続32年～35年程度で退職金額が頭打ちになる制度設計で十分だと思います。

## ◆自己都合退職と定年退職の差

これまでの中小企業の退職金制度では、勤続年数が長くなると自己都合退職金と定年退職金が同額になる制度がほとんどです。

退職金制度には長期勤続、それも定年までの勤務してくれたことに対する報償の要素があることは否めません。特に中小企業ではこの意味合いが強いように感じます。

定年まで勤め上げた点を重視するならば、中途退職は勤続が何年になろうとも、定年退職とは格差をつけるべきです。もちろん企業によっては新陳代謝を図りたいという趣旨で、一定年齢、例えば57歳以上は定年扱いとする規定を設けることもあります。しかし、退職金規程は全従業員に対して一律に運用しますので、優秀な人材で定年まで残って欲しい人材がこの年齢で退職を申し出てしまうことも考えられます。

むしろ、希望退職の募集などの不測の事態に陥ったときに、定年退職金を保証する手法がとれるように、定年退職と中途退職は最後まで格差をつけるほうが望ましいと思います。

【図表 19　中小企業の退職金の退職理由係数例】

| 勤続年数 | 退職理由係数 | 勤続年数 | 退職理由係数 | 勤続年数 | 退職理由係数 | 勤続年数 | 退職理由係数 |
|---|---|---|---|---|---|---|---|
| 1年 | 0.00% | 11年 | 40.75% | 21年 | 63.25% | 31年 | 85.75% |
| 2年 | 0.00% | 12年 | 43.00% | 22年 | 65.50% | 32年 | 88.00% |
| 3年 | 0.00% | 13年 | 45.25% | 23年 | 67.75% | 33年以上 | 90.00% |
| 4年 | 25.00% | 14年 | 47.50% | 24年 | 70.00% | | |
| 5年 | 27.25% | 15年 | 49.75% | 25年 | 72.25% | | |
| 6年 | 29.50% | 16年 | 52.00% | 26年 | 74.50% | | |
| 7年 | 31.75% | 17年 | 54.25% | 27年 | 76.75% | | |
| 8年 | 34.00% | 18年 | 56.50% | 28年 | 79.00% | | |
| 9年 | 36.25% | 19年 | 58.75% | 29年 | 81.25% | | |
| 10年 | 38.50% | 20年 | 61.00% | 30年 | 83.50% | | |

### ◆中途退職の定義の仕方

中小企業の退職金規程では、会社都合の退職は定年と同額としている規定をよく見かけます。本当にこれでよいのでしょうか。

ほとんどの企業では、「不祥事があったときの懲戒解雇や諭旨退職のときには、退職金を不支給や減額にできる規定を設けているから大丈夫」と答えます。

しかし、現実の運用としては何か不祥事が起きたときに、懲戒解雇や諭旨退職処分をすることは難しく、退職勧奨や普通解雇でおさめることがほとんどです。

本人と話し合って、自己都合退職とする場合は、退職金も自己都合退職金しか出ないので問題は起きません。それでも「不祥事を起こしたのに退職金まで支給しなければならないのか」との声さえ聞くこともあります。

しかし、退職勧奨や普通解雇で退職になると、これは会社都合の退職になってしまいます。不祥事を起こしていて、退職金が自己都合退職よりも多くなるというのはどう考えても不合理ですが、規定にそって運用するとこのような事態が起きてしまいます。

中小企業の退職金規程では、定年退職と中途退職の２種類のみとして、中途退職でも事情により定年退職と同等額まで加算できる規定を設けるほうが実際の運用に合っています。

# Q14 退職金には功績を反映させるべきか

**A** ① 退職金に功績を反映させるかは、給与と賞与への功績の反映度合いも含めて考えることが大切です。

② 退職金は３つのバランスの調整機能をもたせやすい項目です。

### ◆退職金へ功績を反映させるかを考える

退職金は会社に勤務したことに対する対価なので、給与や賞与と同じ会社が従業員へ支給する賃金の１つになります。生涯に従業員が受け取る賃金の一部が退職金ですから、給与と賞与も含めた賃金制度として退職金も考えなければなりません。

現代では、給与、賞与、退職金のすべてに貢献度がまったく反映されない会社はほとんどありません。給与と賞与、退職金のどれにどのくらい会社への貢献度を反映させるか、これを決めることが退職金制度設計の第一歩になります。

【図表 20　給与と賞与、退職金の関係】

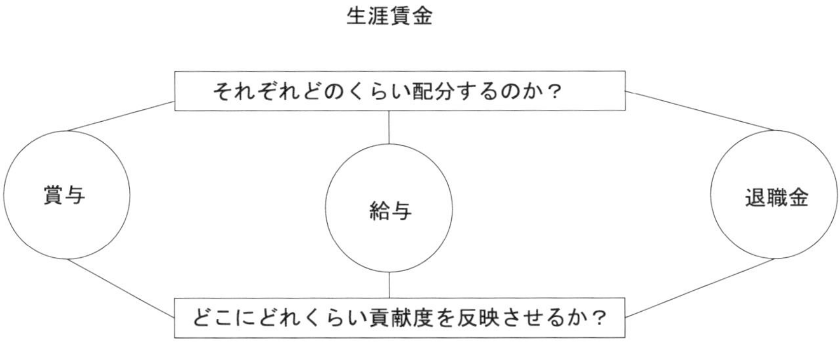


### ◆給与と賞与、退職金の持つ役割

給与は、従業員の生活の基礎となりますので、あまり大幅に変動させることは好ましくありません。成績や評価によって給与を引き下げることも評価制度が整った大企業であればいざしらず、中小企業ではなかなか困難です。

賞与は、その年の会社の業績を反映していることが一般的です。しかし、これは会社全体の総額に対しての決定方法です。例えば、業績がふるわず、賞与総額を半分にする場合に、成績下位の人は賞与をなくし、上位の人にだけ支給する会社はあまり聞きません。

総額が決まった後の従業員それぞれへの配分は、会社によって異なります。給与に比例して月数で一律支給する会社、給与に対する標準的な月数を決定しておいて評価で差をつける会社、給与は加味せずにその時々の評価で賞与の支給額のみを決定する会社、などさまざまな方法があります。

また、給与に比例する場合でも、そもそもの給与に成果主義が取り入れられているかによって、賞与の持つ意味も異なってきます。給与に成果主義が取り入れられており、賞与は給与に比例するのであれば、実質的には賞与も成果主義になっています。

退職金は、在職中の生活を支えるものではないので、もっとも企業がその考え方を打ち出しやすく、また、給与と賞与で反映した貢献度を調整する役割も持たすことが可能です。

ただし、支給するのは何十年も先になることがありますので、賃金制度の変更にあわせて見直すことが必要です。

図表 21 は、給与と賞与の考え方の一例です。給与、賞与、退職金の 3 つのバランスをとるための一例ですので、3 種類すべてを成果主義的な決定方法にしてもかまいません。

自社の給与・賞与と退職金のそれぞれにどのような役割を持たせるか、明確なポリシーを持つための参考にしてください。

**【図表 21　給与と賞与のパターンによる退職金の考え方】**

| 給与 | | 賞与 | | 退職金 |
|---|---|---|---|---|
| 年功序列的な制度で運用 | ＋ | 給与に連動するので実質年功序列的 | → | 給与と賞与が年功的なので成果主義を取り入れる |
| 年功的だが評価により多少差がつく | ＋ | 給与が基本だが評価により異なる | → | 給与と賞与はあまり差をつけないので、成果主義を取り入れる |
| 年功的だが評価により多少差がつく | ＋ | 毎年の成果により大幅に変動する | → | 給与と賞与と同様に多少成果主義を取り入れる |
| 役割や役職で水準が異なるが勤続年数も影響する | ＋ | 給与が基本だが評価により異なる | → | 給与と賞与と同様に多少成果主義を取り入れる |
| 勤続年数は一切問わず、役割や役職により大幅に異なる | ＋ | 毎年の成果により大幅に変動する | → | 給与と賞与が成果主義なので、長期勤続奨励のため年功的に |

# Q15 退職金のタイプと功績の反映のさせ方は

**A** ① 退職金制度の種類には主に４種類があります。

② 退職金制度のタイプで、功績を反映させられる度合いが異なり、また、反映できる幅も異なります。

③ 賃金制度によってはそもそも選択することが難しいタイプもあります。

◆退職金制度の種類

退職金制度を設計するには企業に対する貢献度をどの程度反映させるかにより、基本となる退職金のタイプが異なります。

中小企業の退職金制度は、主に図表 22 の 4 種類が使用されます。

【図表 22　中小企業で用いられる退職金制度のタイプ】

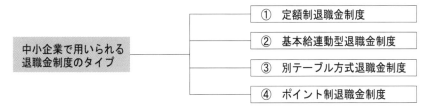

中小企業で用いられる退職金制度のタイプ

- ① 定額制退職金制度
- ② 基本給連動型退職金制度
- ③ 別テーブル方式退職金制度
- ④ ポイント制退職金制度

退職金制度は同じタイプの制度であっても、設計方法によって成果主義的な要素の強弱をつけることができます。

なお、③の別テーブル方式退職金制度と、④のポイント制退職金制度は、どのような要素で退職金を算定する設計にするかにより、成果主義の強弱が大幅に異なります。つまり、ほかの制度に比べて成果主義に対する制度設計の自由度が高いといえます。

例えば、③の別テーブル方式退職金制度では、基礎給を役職に連動させ、その基礎給に大きく差をつければ成果主義の要素が強まります。

また、④のポイント制退職金制度であれば、勤続ポイントだけで制度設計をすれば成果主義の要素がまったくなくなり、反対に貢献ポイントだけで制度設計を行い、貢献項目ごとのポイント差を大きくすれば成果主義の要素が強まります。

「ポイント制退職金」の言葉の持つイメージにまどわされないようにしましょう。

**【図表 23　退職金制度のタイプと貢献度の反映度合い】**

| タイプ | 基本の制度 | 応用 | 弱い ⟵ 貢献度 ⟶ 強い |
|---|---|---|---|
| 定額制<br>退職金制度 | 勤続年数ごと一定額を支給する方法 | ・最終役職に応じて、退職金を加算する方法<br>・退職時に総合評価を行い、退職金を加算する方法 | 基本制度 応用 |
| 基本給連動型<br>退職金制度 | 最終基本給と勤続年数により退職金を決定する方法 | ・役職手当を基本給に合計して計算する方法<br>・役職に応じて基本給に定額を加算してから計算する方法<br>・退職時の総合評価により、退職金を加算する方法 | 基本制度 応用 |
| 別テーブル方式<br>退職金制度 | 退職金用の基礎給を用意して、最終基礎給と勤続年数により退職金を決定する方法 | | 制度設計による |
| ポイント制<br>退職金制度 | 毎年ポイントを付与していき、そのポイント累計により退職金を決定する方法 | | 制度設計による |

### ◆このような会社は制度の選択に要注意

会社の賃金制度によっては、そもそも選択できないか、選択が困難な退職金制度もあります。

例えば、毎年の評価によって基本給が上下に変動する会社では、基本給連動型退職金制度にすると、どの時点での基本給で退職金を計算するかを決めておく必要があります。

もし、本人の最高基本給を使用せず、退職時の基本給を使用するのであれば、基本給が下がると退職金も下がるということを会社、従業員とも理解しておかなければなりません。

また、役職手当を加算した基本給連動型や役職に連動した別テーブル方式の退職金制度の場合も同じことがいえます。

役職に就けば定年まで降格はなかったり、役職定年があるくらいの制度であれば、役職定年直前の役職で退職金を計算するようにしておけば問題は生じません。

しかし、能力や成果により役職の降格がある場合は、降格前後で退職金が下がってしまうことがあります。

このような人事制度にしている会社は、最終役職によって退職金が影響される退職金制度を導入するのは避けたほうがよいでしょう。

# Q16 定額制の退職金制度ってどういう制度のこと

**A** ① 定額制退職金は、勤続年数のみを退職金の支給基準にする制度です。

② 考え方や対象者によっては十分意味がある制度になり得ます。

**◆定額制の退職金制度とは**

定額制退職金は単純に退職時の勤続年数と退職理由に応じて退職金を決定する制度です。つまり、会社の貢献度はまったく度外視し、勤続年数のみで退職金を計算します。

【図表 24　定額制退職金の仕組み】

| 勤続年数 | 支給額（定年） | 支給額（中途退職） |
|---|---|---|
| 5年 | ○○円 | ○○円 |
| 6年 | ○○円 | ○○円 |
| 7年 | ○○円 | ○○円 |
| 8年 | ○○円 | ○○円 |
| ～ | ～ | ～ |
| 29年 | ○○円 | ○○円 |
| 30年以上 | ○○円 | ○○円 |

この制度では、貢献度がいっさい加味されないので、「あり得ない」という反応を示す経営者の方が多いですが、給与や賞与でその時々の貢献はすでに反映して支給しているのであれば、中小企業にはあながち悪い制度ではありません。

また、人事制度や賃金制度から完全に独立していますので、これらの制度改定の影響を受けることもありません。

例えば、パートタイマーに長期勤続を奨励するために退職金制度を導入する場合には非常に価値があります。正社員は基本給連動型退職金であっても、パートタイマーには定額制退職金を導入することも考えられます。

会社に対する貢献度は、その功績を発揮した年度で精算するのが本来のあるべき姿です。

パートタイマーに限らず、退職金は「長年の勤続に対する感謝の気持ち」と割り切るのであれば、定額制退職金制度はシンプルですし、十分意味がある制度なのです。

# Q17 定額制退職金に貢献度を加味するには

**A**
① 役職加算をすると定額制退職金制度に貢献度を加味できます。
② 定年の場合だけ加算するなど、さらに工夫することもできます。

### ◆貢献度を加味した定額制退職金のつくり方

会社への貢献度をまったく反映しない定額制退職金制度ですが、「勤続年数が同じなら部長も一般職も同じ金額はやはり納得がいかない」と考えることもあるようです。

定額制退職金制度に会社への貢献度を反映したいのであれば、役職等を加算対象にして貢献度を反映させることができます。

【図表 25　役職を加算した定額制退職金制度の仕組み】

（

| 勤続年数 | 支給額 |
|---|---|
| 5年 | ○○円 |
| 6年 | ○○円 |
| 7年 | ○○円 |
| 8年 | ○○円 |
| 〜 | 〜 |
| 29年 | ○○円 |
| 30年以上 | ○○円 |

＋

| 役職加算 | 支給額 |
|---|---|
| 部長 | ○○円 |
| 次長 | ○○円 |
| 課長 | ○○円 |
| 主任 | ○○円 |

）×

| 勤続年数 | 中途退職支給率 |
|---|---|
| 5年 | ○○% |
| 6年 | ○○% |
| 7年 | ○○% |
| 8年 | ○○% |
| 〜 | 〜 |
| 29年 | ○○% |
| 30年以上 | ○○% |

この場合の役職は、最終役職（役職定年制など役職の降格を想定している場合は最高役職）とすることが一般的です。

最終役職だと同じ部長でも退職間際に昇進した人と早い段階で昇進した人の加算額は同一になります。両者の差も付ける必要はあると考えるのであれば、定額制退職金を採用するよりポイント制退職金制度を採用したほうがよいでしょう。

等級制度を採用している場合は役職ではなく、等級を加算対象にしてもかまいません。

会社が自信をもって、従業員に対して根拠があると説明できる項目を加算対象としてください。

また、加算となるのは定年退職の場合に限定し、中途退職であれば加算はせずに定額部分だけ支給する制度設計にすることもできます。

さまざまなケースを想定し、会社の考えを反映させましょう。

# Q18 定額制退職金のつくり方は

**A** ① 企業が支給しようと考える最高支給額から逆算して、定年退職金を設計します。

② 定年退職金に支給率を乗じて、中途退職の退職金を設計します。

③ 役職加算をするときは、先に役職ごとの金額差を決めておきます。

### ◆定年退職金の設計

定額制退職金を導入する場合は、まず、新卒で入社し、定年まで勤務したときの最高支給額の水準を決めます。

定額制退職金は貢献度を考慮しない長期勤続に対する報奨が前提の制度です。そのため、定年退職金は勤続年数に対する完全比例方式、つまり退職金カーブが直線となるのが本来の姿ですが、中途採用よりプロパーを重視したいという会社は、勤続10年までは1年につき30万円、11～20年は1年につき50万円、21年以上は1年につき40万円というように、支給カーブに膨らみを持たせ、S字を描くようにしても構いません。

ここでは、直線型で定年退職金の最高額を1,200万円の場合の設計例を説明します。

勤続3年目から定年退職金を支給し、勤続32年以上の定年退職金を一律にすると、退職金が増加する年数は30年間です。最高額1,200万円を30年で割ると1年につき、40万円のピッチになります。

【図表26 定年退職金の最高額の設定例】

| | |
|---|---|
| 定年退職金額 | 勤続3年目から1年につき40万円 |
| | 勤続32年以上は一律1,200万円 |
| 30年×40万円＝1,200万円 | |

### ◆中途退職の退職金の設計

次に中途退職の退職金を決定します。中途退職の金額も会社の考えで決められますが、できれば根拠があるほうがよいでしょう。

今回は勤続3年以上を支給対象とし、支給係数のピッチを一律にして設計します。定年退職金にそれぞれの年数の支給係数を乗じた金額が中途退職の退職金になります。

【図表 27　中途退職の退職金の設定例】

| 勤続年数 | 定年退職金 | | 支給係数 | | 中途退職金 |
|---|---|---|---|---|---|
| 1年 | 0 | | 0.00% | | 0 |
| 2年 | 0 | | 0.00% | | 0 |
| 3年 | 400,000 | | 0.00% | | 0 |
| 4年 | 800,000 | | 25.00% | | 200,000 |
| 5年 | 1,200,000 | | 27.25% | | 327,000 |
| 6年 | 1,600,000 | | 29.50% | | 472,000 |
| 7年 | 2,000,000 | | 31.75% | | 635,000 |
| 8年 | 2,400,000 | | 34.00% | | 816,000 |
| 9年 | 2,800,000 | | 36.25% | | 1,015,000 |
| 10年 | 3,200,000 | | 38.50% | | 1,232,000 |
| 〜 | 〜 | | 〜 | | 〜 |
| | | | | | |
| 25年 | 9,200,000 | | 72.25% | | 6,647,000 |
| 26年 | 9,600,000 | | 74.50% | | 7,152,000 |
| 27年 | 10,000,000 | × | 76.75% | ＝ | 7,675,000 |
| 28年 | 10,400,000 | | 79.00% | | 8,216,000 |
| 29年 | 10,800,000 | | 81.25% | | 8,775,000 |
| 30年 | 11,200,000 | | 83.50% | | 9,352,000 |
| 31年 | 11,600,000 | | 85.75% | | 9,947,000 |
| 32年 | 12,000,000 | | 88.00% | | 10,560,000 |

注：中間省略。

### ◆役職を加味する場合は

定額制退職金制度に役職を加味したい場合は、最高支給時に役職ごとにどのくらいの差をつけたいかを考えます。

この金額が役職加算分になります。

新卒から定年まで勤務したときの最高支給額の水準から、最高役職者の加算額を控除すれば、残りが定額部分の最高額です。

例えば、最高役職が部長の会社で、一般職より 300 万円多く支給したいのであれば、1,200 万円－ 300 万円＝ 900 万円を最高支給額に用いて前述の手順で設計していきます。

【図表 28　役職加算額の設定例】

| 最終役職 | 部長 | 次長職 | 課長職 | 主任職 |
|---|---|---|---|---|
| 加算額 | 300 万円 | 200 万円 | 100 万円 | 50 万円 |

# Q19 基本給連動の退職金制度ってどういう制度のこと

**A** ① 基本給連動型の退職金制度は、退職時の基本給、勤続年数ごとの支給率、退職理由係数の3つを乗じて退職金を計算します。

② 勤続年数が短くなる中途採用者の退職金が非常に抑制され、結果的に年功的な制度になります。

③ 退職時点の基本給で決定するため無理が生じたり、会社が気づかぬ間に退職金が増えているなどの問題が生じることがあります。

……………………………………………………………………………………

### ◆基本給連動型の退職金制度の考え方

基本給連動型の退職金制度は、これまでもっとも多くとりいれられている制度です。基本給に勤続年数ごとの支給率と退職理由により決定した率（退職理由係数）を乗じて計算します。

| 退職金 ＝ 基本給 × 勤続年数ごとの支給率 × 退職理由係数 |
|---|

### ◆基本給連動型は年功的

基本給連動型退職金は事実上、年功的な要素が強い制度です。特に中小企業では、会社への貢献度は役職手当などの諸手当で反映することが多く、基本給はあまり差をつけないことが多いようです。

基本給そのものの運用が年功的であれば、その基本給に勤続年数ごとの支給率を乗じますので、長期勤続者がきわめて優遇されることになります。その反面、中途入社の従業員は定年まで勤務しても支給率が大きくならないため、退職金が少なくなります。

### ◆退職時の基本給で計算することの問題点

基本給連動型は退職時点でのピンポイントの基本給で退職金を計算します。退職時の基本給をベースにすることで無理が生じることもあります。

例えば、役職ごとの基本給がほぼ同じ水準という会社では、若いうちから企業に対する貢献度が高くて常に高い役職や等級にあった人と、退職間際にその役職や等級に追いついた人も、退職金はほぼ同じ水準になります。このことからも基本給連動型は、年功的な制度だといえます。

最近では、人事考課で基本給が上下する賃金制度を導入することも珍しくなくなっています。基本給が減少すると、前年度中に退職していたときの退職金より、今年退職する退職金のほうが少なくなります。

また、管理職などに年俸制を導入している会社では、年俸者の基本給には残業代相当が含まれているなど、月給者の基本給の持つ意味合いと違っていたり、水準が大きく異なることもあるようです。このような会社では、退職時の基本給で退職金を決定する基本給連動型がふさわしいのか再考する必要がありそうです。

### ◆基本給のベースアップにより退職金も増える

基本給連動型の退職金制度では、ベースアップや賃金制度の変更により、全体の基本給が上昇すると、退職金の支給水準が会社の想像する以上に増えていることがあります。

【図表 29　ベースアップが基本給連動型退職金におよぼす影響】

★従業員数 100 人の企業で 5,000 円のベースアップがあった場合
その時点の在職者の勤続年数ごとの平均支給率が 15.0、平均退職理由が 50%だとすると、
→5,000 円 ×15.0×50%×100 人＝退職金要支給額　375 万円アップ

★在職中にこれと同じベースアップが 5 回あった場合
定年時の支給率が 30.0 だとすると
5,000 円 ×5 回 ×30.0＝定年退職金が　1 人につき 75 万円　アップ

基本給連動型の退職金制度を設計するには、制度の前提となるモデル賃金が重要です。しかし、中小企業ではモデル賃金がよくわからない会社も多くあるようです。

このような会社では、現在の退職金の水準が適正なのかをほとんど把握できていません。数年に一度は実在者の賃金を参考に退職金の支給水準を検証し、制度改定の必要性を検討する必要があります。

### ◆基本給の上昇が退職金制度におよぼす影響を抑えるためには

基本給の上昇が退職金へのおよぼす影響を抑えるために、基本給を第１と第２の２つに分けて第１基本給のみで退職金を計算したり、基本給に８割など定率を乗じて基礎給としている会社もあります。

しかし、これらの方法は、退職金制度や賃金制度が複雑になるだけです。基本給連動型の退職金制度は、その後に支給率を乗じるのですから、支給率自体を見直して、シンプルな仕組みにしておくほうがよいでしょう。

# Q20 基本給連動退職金に貢献度を加味するには

**A** ① 基本給に役職などの貢献度を加味した基礎給で退職金を計算する方法と、基本給連動型で計算した後に役職などの貢献度を加味する方法があります。

② 役職の経験年数などの在職中の経緯を加味したい場合は、基本給連動型退職金制度は向いていません。

---

### ◆基本給に役職を加味して計算する方法

基本給連動型の退職金制度に、より会社への貢献度を積極的に反映させようと考える場合は、２通りの方法があります。

１つ目の方法は、基本給を基礎給に置き換える方法です。

| 退職金 ＝ 基礎給（基本給＋役職手当） × 勤続年数ごとの支給率 × 退職理由係数 |
|---|

中小企業で会社への貢献度がもっとも示されやすいのは、役職であることが多いようです。例えば、基礎給の定義を「基本給＋役職手当」にすれば、最終役職（役職定年制など役職の降格を想定している場合は最高役職）が退職金に反映されることになります。

役職手当をダイレクトに反映させると退職金の差が広がりすぎたり、会社が思っている支給水準の差にならない場合などは、別に決めておいた役職ごとの金額を役職手当の代わりにすることもできます。このようにしておけば、加算部分だけは賃金制度と切り離すことができるので、その意味でもメリットがありますし、将来、役職の持つ意味合いが変わった場合でも修正が容易になります。

【図表 30　基本給に役職を加味した基礎給の例】

基本給 ＋

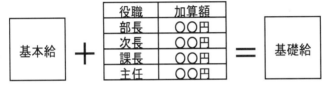

| 役職 | 加算額 |
|---|---|
| 部長 | ○○円 |
| 次長 | ○○円 |
| 課長 | ○○円 |
| 主任 | ○○円 |

＝ 基礎給

もちろん、加算する基準は役職に限定されているわけではありません。職能等級制などを導入している会社で、役職より等級や社内資格のほうが会社への貢献度が適正に反映できるのであれば、等級や社内資格を加算基準にすることも可能です。

### ◆基本給で計算した後に役職を加味する方法

もう１つの方法は、基本給連動型の退職金制度で計算した後に、役職加算を行うことです。この場合であっても、役職ではなく、等級や社内資格などを加算基準にしてもかまいません。

【図表 31　基本給連動型で計算した後に役職を加味した制度の例】

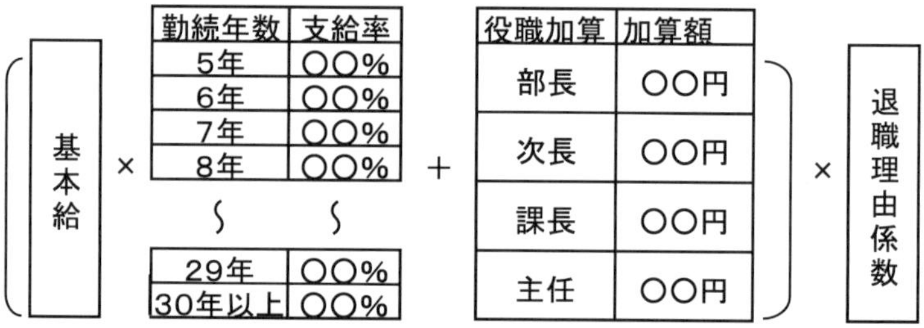


加算は、退職理由係数を乗じた後に行うこともできますが、自己都合退職でその役職についていた年数が短くても、役職加算は満額が反映されます。定年退職でも役職加算はありますが、自己都合退職だと基本給部分より役職加算の比率がさらに高くなります。会社への貢献度を反映させるための役職加算が自己都合退職だと有利になるのでは、本来の目的とは違ってきます。そのため、役職加算は退職理由係数の前段階で行うほうがよいでしょう。

むしろ、会社への貢献度を加算したいのですから、中途退職の場合は役職加算の対象にはせず、定年退職の場合に限って役職加算をするほうがその趣旨に見合っているかもしれません。

### ◆役職の経験年数は加味できない

基本給連動型で役職加算を取り入れる場合の役職は、最終役職または在職中の最高役職とすることが一般的です。最終役職や最高役職を加算対象にすると、同じ部長でも退職間際に昇進した人と早い段階で昇進した人の加算額が同一になり、その役職についていた期間は反映されません。

役職の経験年数を加味することも制度上は可能ですが、制度が複雑になるだけであまりメリットはありません。どうしても役職の経験年数なども加味したい会社は、基本給連動型退職金制度を取り入れるより、むしろポイント制退職金制度を採用したほうがよいでしょう。

# Q21 基本給連動退職金のつくり方は

**A** ① モデル賃金が退職金制度設計のキーです。
② モデル賃金が実態と離れると退職金額も連動しますので、数年に一度は確認が必要です。
③ 想定定年退職金額とモデル賃金の最終基本給から逆算して設計していきます。

### ◆モデル賃金の作成

基本給に連動した退職金制度を設計するときは、その会社のモデル賃金を活用します。モデル賃金は成績優秀で昇進が最も早いと想定されるモデルと標準的な昇格モデルの最低２本を用意します。職種により賃金水準が異なる場合など、会社によってはさらにいくつかのモデル賃金が必要になる場合もあります。

ベースアップなどでモデル賃金が変更になると退職金支給モデルも変わるので、モデル賃金はできるだけ正確性を維持しなければなりません。賃金制度の変更やベースアップがなくても、数年に一度は現状と乖離していないか確認しましょう。

モデル賃金が実在者の賃金と離れていると、最初の設計から机上の空論になってしまうので、実在者の賃金とモデル賃金が合っているかをかならずチェックしましょう。社内で優秀と考えられる人と標準的な人をピックアップし、モデル賃金と整合性があるかをチェックします。勤続年数が異なる数名ずつを確認し、おおむねモデル賃金と合っていれば確認完了です。

今回は、毎年6,000円ずつ昇給していく標準モデルと、勤続10年までが6,000円、20年まで8,000円、30年まで10,000円、30年以降6,000円の昇給をしていく優秀モデルの２つがモデル賃金であると仮定して設計します（図表32参照）。

### ◆定年退職支給率の設計

モデル賃金ができたら、定年退職金の水準と支給率を決定します。退職金制度で一番気になるのは、退職金がもっとも多くなる新卒で定年まで勤務したときの金額です。今回は、「会社への貢献が大きかった人には1,200万円、貢献はそれほど大きくはないがまじめに定年まで勤めた人には1,000万円

**【図表 32　モデル賃金の作成例】**

| 昇給額 | 標準モデル | 優秀モデル | 昇給額 | 標準モデル | 優秀モデル |
|---|---|---|---|---|---|
| 10年まで | 6,000 | 6,000 | 30年まで | 6,000 | 10,000 |
| 20年まで | | 8,000 | 30年以降 | | 6,000 |

| 昇給額<br>勤続年数 | 標準モデル<br>基本給 | 優秀モデル<br>基本給 | 昇給額<br>勤続年数 | 標準モデル<br>基本給 | 優秀モデル<br>基本給 |
|---|---|---|---|---|---|
| 1年 | 200,000 | 200,000 | 21年 | 320,000 | 344,000 |
| 2年 | 206,000 | 206,000 | 22年 | 326,000 | 354,000 |
| 3年 | 212,000 | 212,000 | 23年 | 332,000 | 364,000 |
| 4年 | 218,000 | 218,000 | 24年 | 338,000 | 374,000 |
| 5年 | 224,000 | 224,000 | 25年 | 344,000 | 384,000 |
| 6年 | 230,000 | 230,000 | 26年 | 350,000 | 394,000 |
| 7年 | 236,000 | 236,000 | 27年 | 356,000 | 404,000 |
| 8年 | 242,000 | 242,000 | 28年 | 362,000 | 414,000 |
| 9年 | 248,000 | 248,000 | 29年 | 368,000 | 424,000 |
| 10年 | 254,000 | 254,000 | 30年 | 374,000 | 434,000 |
| 11年 | 260,000 | 262,000 | 31年 | 380,000 | 440,000 |
| 12年 | 266,000 | 270,000 | 32年 | 386,000 | 446,000 |
| 13年 | 272,000 | 278,000 | 33年 | 392,000 | 452,000 |
| 14年 | 278,000 | 286,000 | 34年 | 398,000 | 458,000 |
| 15年 | 284,000 | 294,000 | 35年 | 404,000 | 464,000 |
| 16年 | 290,000 | 302,000 | 36年 | 410,000 | 470,000 |
| 17年 | 296,000 | 310,000 | 37年 | 416,000 | 476,000 |
| 18年 | 302,000 | 318,000 | 38年 | 422,000 | 482,000 |
| 19年 | 308,000 | 326,000 | | | |
| 20年 | 314,000 | 334,000 | | | |

を支給したい」と考えて設計をしてみました。

定年退職金の想定額が決まれば、この金額を定年時の基本給で割れば、最終の支給率が計算できます。この計算をするときも、退職金がもっとも多くなる優秀昇格モデルから計算したほうが設計をしやすいようです。

例えば、今回のケースであれば

> **定年退職金 1,200 万円 ÷ 定年時基本給 482,000 円＝24.9**

が最終の支給率となります。

支給率を、勤続 2 年から勤続 32 年までの 30 年間一定のピッチで上昇するように設計すると、24.9 ÷ 30 年で 1 年ごとのピッチは 0.83 となります。

勤続年数ごとのピッチは一律ではなく、勤続 10 年までは 0.5 ずつ、勤続 20 年までは 1.0 ずつ、勤続 20 年以上は 0.8 ずつのように S 字カーブを描くように設計することもできます。しかし、モデル賃金自体が直線でなければ、支給率を一定にしても自然にカーブがつきます。肝心なのは支給額のカーブであり、支給率のカーブではありません。そのため、設計の第一段階は、支給率のピッチを一定にして作成します。

ここまでできたら、勤続10年ごとの節目で、モデル賃金と支給率を乗じて、昇格モデルごとの金額を確認します（図表33参照）。この場合は定年が対象ですから最終金額とあわせて4か所確認すれば十分でしょう。

この金額が会社で想定している金額と合わなかったり、S字カーブを描くようにしたい場合は、途中の支給率を変化させて、会社の想定金額に近づけていきます。

**【図表33　定年退職支給率の設計例】**

定年退職金額

- 勤続10年　標準モデル：1,687,000円　優秀モデル：　同じ
- 勤続20年　標準モデル：4,692,000円　優秀モデル：4,990,000円
- 勤続30年　標準モデル：8,692,000円　優秀モデル：10,087,000円
- 勤続38年　標準モデル：10,508,000円　優秀モデル：12,002,000円

### ◆中途退職支給率の設計

定年退職金の支給率を決めたら、中途退職の支給率を決定します。中途退職の支給率は勤続年数ごとに恣意的に決定できますが、できるだけ根拠を持たせるように設計します。

ここでは、支給係数を勤続4年で25％、以降1年につき2.25％ずつ上昇させ、勤続33年以上は一律90％とします。この退職理由係数に定年退職の支給率を乗じると中途退職の支給率になります。

**中途退職の支給率＝定年退職支給率 × 退職理由係数**

最後に中途退職の退職金額を、5年ごとの節目でモデル賃金を使用して確認します。勤続30年を超えて中途退職をすることはあまりありませんので、勤続30年まで確認すればよいでしょう（図表34参照）。

この金額が企業で想定している金額と合わない場合は、中途退職の支給率を調整して完成させます。

**【図表34　中途退職支給率の設計例】**

中途退職金額

- 勤続5年　標準モデル：153,000円　優秀モデル：153,000円
- 勤続10年　標準モデル：651,000円　優秀モデル：651,000円
- 勤続15年　標準モデル：1,526,000円　優秀モデル：1,579,000円
- 勤続20年　標準モデル：2,861,000円　優秀モデル：3,043,000円
- 勤続25年　標準モデル：4,744,000円　優秀モデル：5,296,000円
- 勤続30年　標準モデル：7,260,000円　優秀モデル：8,424,000円

# Q22 別テーブル方式の退職金制度ってどういう制度のこと

**A** ① 賃金制度から完全に独立させることが可能な退職金制度です。
② 制度設計の自由度が高く、退職金額を想定しやすいなどのメリットがあります。

---

### ◆基礎給と定年退職支給率の設計

別テーブル方式は、役職や社内資格、等級ごとに定めた金額（基礎給）を基本給の代わりに使用する退職金制度です。

【図表 35　役職により基礎給を決定する別テーブル方式退職金制度の仕組み】

| 最終役職 | 基礎給 |
|---|---|
| 部長 | ○○円 |
| 次長 | ○○円 |
| 課長 | ○○円 |
| 主任 | ○○円 |

×

| 勤続年数 | 定年退職支給率 | 中途退職支給率 |
|---|---|---|
| 5年 | ○○% | ○○% |
| 6年 | ○○% | ○○% |
| 7年 | ○○% | ○○% |
| 8年 | ○○% | ○○% |
| 〜 | 〜 | 〜 |
| 29年 | ○○% | ○○% |
| 30年以上 | ○○% | ○○% |

この制度では、退職金制度の基礎給が賃金制度とリンクしていないので、賃金制度と退職金制度が完全に独立しているメリットがあります。

そのため、基本給連動型で問題となるベースアップや賃金制度の改定により退職金制度への影響や、年俸者と月給者の基本給の重みの違いなどといったことは関係ありません。

また、自分の退職金が想定しやすいのも、従業員と会社の双方にとってありがたい制度です。

### ◆退職時の基礎給で計算することの問題点

別テーブル方式退職金制度でも、最終（最高）役職などで基礎給を決定するため、その役職の年数など在職中の経緯を反映することは困難です。

半面、役職ごとの基礎給の決め方しだいで最終支給額が変わるため、制度設計時の自由度が高く、会社の方針を打ち出しやすい制度ともいえます。また、将来役職の種類が増減しても対応しやすいこともメリットです。

# Q23 別テーブル方式退職金のつくり方は

**A** ① 会社が想定する役職ごとの定年退職金の想定額から基礎給と支給率を逆算します。

② 退職理由係数に定年退職支給率を乗じて、中途退職支給率を決定します。

……………………………………………………………………………………

◆基礎給と定年退職支給率の設計

ここでは最終役職を基礎給とした別テーブル方式の退職金制度の作成方法を説明します。

まず、新卒で入社し、定年まで勤務したときの役職ごとの定年退職金の水準を決定します。

【図表 36　会社が想定した役職ごとの定年退職金】

| | 役職／基礎給 | | | | |
|---|---|---|---|---|---|
| 最終役職 | 部長 | 課長 | 係長 | 主任 | 一般 |
| 定年退職金 | 12,000,000 円 | 10,800,000 円 | 9,600,000 円 | 9,000,000 円 | 8,400,000 円 |

次にこの中のどれか 1 つの役職を取り上げて定年退職時の支給率と基礎給を決定していきますが、中小企業では役職者はあまり多くありませんので、まずは一般職で検討するのがよいでしょう。

勤続 3 年目から定年退職金を支給し、勤続 32 年以上の定年退職金を一律とすると、退職金が増加する年数は 30 年間です。そのため、勤続年数ごとの支給カーブを直線にするならば、定年退職金の支給率は、勤続 3 年で 1.0 をスタートに、毎年 1.0 ずつ上昇させ、勤続 32 年で最大の 30.0 となるように置きます。最高想定退職金 840 万円を最大支給率の 30.0 で割れば、一般職の基礎給は 28 万円になります。

退職金の支給カーブを S 字型にしたい場合は、支給率を変化させます。

【図表 37　支給率と一般職の基礎給の設計例】

| | |
|---|---|
| 定年退職金額支給率 | 勤続 3 年目から 1 年につき 1.0<br>勤続 32 年以上は一律 30.0 |
| 最高支給率 | 840 万円 ÷ 最大支給率 30.0＝一般職基礎給 28 万円 |

勤続年数ごとの支給率が決定すれば、それぞれの役職の想定退職金を最大

支給率で割れば、役職ごとの基礎給が決まります。

この役職ごとの基礎給に勤続年数ごとの支給率を乗じて、勤続10年、20年、25年の節目で役職ごとの金額を確認します。この場合の支給率は定年が対象ですから最終金額とあわせて4か所確認すれば十分でしょう。

この金額が会社で想定している金額と合わない場合は支給率や基礎給を修正し、会社の想定金額に近づけていきます。

**【図表38　役職ごとの基礎給と定年退職金額の設計例】**

| | | 役職／基礎給 | | | | |
|---|---|---|---|---|---|---|
| | | 部長 | 課長 | 係長 | 主任 | 一般 |
| 勤続年数 | 支給率 | 400,000円 | 360,000円 | 320,000円 | 300,000円 | 280,000円 |
| 10年 | 8.0 | 3,200,000円 | 2,880,000円 | 2,560,000円 | 2,400,000円 | 2,240,000円 |
| 20年 | 18.0 | 7,200,000円 | 6,480,000円 | 5,760,000円 | 5,400,000円 | 5,040,000円 |
| 25年 | 23.0 | 9,200,000円 | 8,280,000円 | 7,360,000円 | 6,900,000円 | 6,440,000円 |
| 32年以上 | 30.0 | 12,000,000円 | 10,800,000円 | 9,600,000円 | 9,000,000円 | 8,400,000円 |

### ◆中途退職の退職金の設計

定年退職金の支給率が決定したら、中途退職の支給率を設計します。まずはシンプルに一定割合で退職理由係数を上昇させてみます。

退職理由係数を勤続4年で25％、以降1年につき2.25％ずつ上昇させ、勤続33年以上は一律90％とします。この退職理由係数に定年退職の支給率を乗じると中途退職の支給率になります。

**中途退職の支給率＝定年退職支給率 × 退職理由係数**

最後に中途退職の退職金額を確認します。ここでは、中途退職が最も多い一般職と係長、課長くらいまでの勤続5年ごと（主任、係長は10年以上）を確認すればよいでしょう。この金額が想定金額と合わない場合は、中途退職の支給率に調整を加えます。

**【図表39　役職ごとの中途退職金の設計例】**

中途退職金額
- 勤続5年　一般：　230,000円
- 勤続10年　一般：　863,000円　主任：　924,000円　係長：　986,000円
- 勤続15年　一般：1,812,000円　主任：1,941,000円　係長：2,071,000円
- 勤続20年　一般：3,075,000円　主任：3,294,000円　係長：3,514,000円
- 勤続25年　一般：4,654,000円　主任：4,986,000円　係長：5,319,000円
- 勤続30年　一般：6,547,000円　主任：7,014,000円　係長：7,482,000円

# Q24 ポイント制退職金ってどういう制度のこと

**A** ① 制度設計の自由度が高く、年功的な制度から成果主義的な制度まで、会社の考え方に合わせやすい制度です。

② 賃金制度から完全に独立しており、役職の変更・追加など将来の人事制度の変更にも対応しやすい制度です。

③ ポイント管理の手間はありますが、休職など退職金から除外する期間の計算もれなどを防止する効果もあります。

---

## ◆ポイント制退職金とは

ポイント制退職金は、成果主義の到来とともに導入されてきた制度です。この制度はその導入の背景から成果主義の権化のように思われていますが、決してそんなことはありません。実は企業の退職金に対する考え方をそのまま取り入れられる非常に柔軟性を持った制度です。

ポイント制退職金は、毎年あるいは毎月、従業員に一定の基準で決めたポイントを付与していき、退職時にそのポイントと支給率、ポイント単価を乗じて退職金を決定します。

一般的なポイント制退職金制度の場合、付与するポイントは、勤続による勤続ポイントと職能等級や役職などの会社に対する貢献に応じた貢献ポイントの合計となります。

ポイントは毎年積み重なっていくので、同じ貢献度ならば長期勤続者の退職金が多くなります。また、定年退職の場合は、基本給連動型のように支給率を乗じることもないため、支給カーブが直線に近くなります。したがって、従来の年功序列型退職金の要素も含まれていることになります。

| ポイント制退職金＝退職金ポイント（勤続ポイント＋貢献ポイント）× ポイント単価 × 退職理由係数 |
|---|

## ◆賃金制度に影響されないポイント制退職金

ポイント制退職金は、基本給などの賃金制度の設計とはまったく別の計算方式なので、賃金制度の変更に影響されることはなく、また将来、賃金制度が変更になったときも対処しやすい制度です。

例えば、職能等級や役職制度が変更になった場合も、職能ポイントや役職ポイントを見直すことで対処できます。制度変更時には、それまでの累計ポイントはそのままにして、そこに新たなポイントを付与していきます。そのため、変更前にそれぞれがすでに得ていたポイントは、制度変更に影響されません。

退職金の水準全体の見直しをする場合は、ポイント単価を上下することで調整できます。また、将来成果主義をさらに強める退職金制度に変更したい場合でも、勤続ポイントを引き下げ、引き下げた分だけ職能ポイントを増やせば、制度全体の退職金の水準を変更することなく、成果主義の度合いを変化させることができます。

**【図表 40　ポイント制退職金のメリット】**

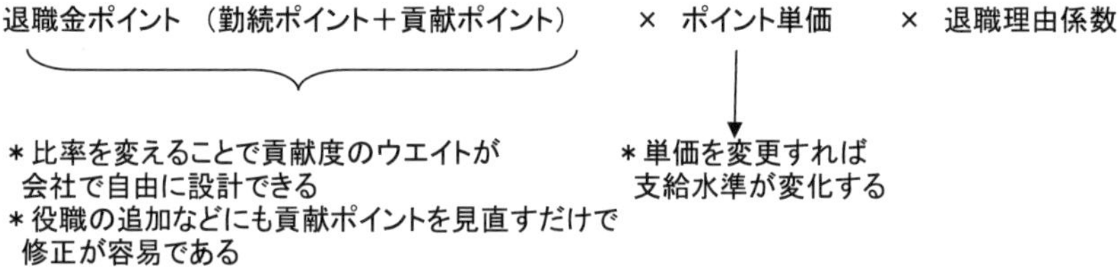


**【図表 41　ポイント制退職金の制度変更時の対応】**

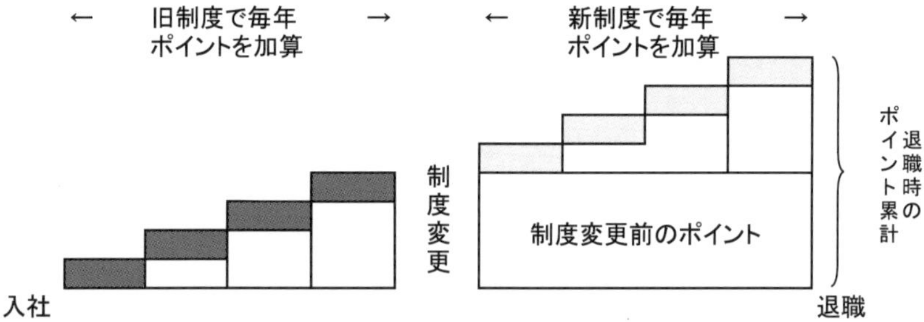


### ◆その年に付与された各従業員のポイントを毎年記録する

ポイント制退職金では、従来の制度のように退職時に 1 回だけ退職金を計算すればよいのではありません。従業員の退職時に、入社からその従業員のすべての履歴をさかのぼってポイントを計算することは困難です。

そのため、企業はそれぞれの従業員に毎年付与されるポイントを計算し、記録しておかなければなりません。できれば、退職時に従業員からポイントが違うなどとのクレームが出ないように年 1 回程度はその時点の退職金ポイントを通知したほうがよいでしょう。反面、この作業を毎年行うことで、通常、退職金の勤続年数から除外される休職期間などを退職時についい忘れてしまうなどの事態を防止できます。

# Q25 勤続ポイントと貢献ポイントの割合はどうすればいい

**A** ① 退職金ポイントは勤続ポイントと貢献ポイントの２種類の合算とすることが一般的です。

② 勤続ポイントと貢献ポイントの比率によって、退職金制度が年功的になるか成果主義になるかが決まります。

③ 標準的な昇格モデルで、勤続ポイント４割、貢献ポイント６割が１つの目安になります。

◆退職金ポイントとは

一般的なポイント制退職金制度では、勤続年数を基準にした勤続ポイントと、職能等級や役職などの会社への貢献度に応じた貢献ポイントの合計で退職金ポイントを決定します。この勤続ポイントと貢献ポイントの割合により、年功的な退職金制度になるのか、あるいは成果主義的な退職金になるのかが決まります。

この比率に正解はありません。企業の退職金制度に対する考え方１つです。例えば、「ウチの退職金制度は在職中の貢献度に対して支給する」ということを従業員にアピールしたいのであれば、勤続ポイントをなくし、貢献ポイントだけを退職金ポイントとすることも可能です。たとえ勤続ポイントをまったくなくしたとしても、貢献ポイントの一番下位の区分は在職していれば誰でも付与されるポイントですから、実際は勤続ポイントと同じような効果は残ります。

比率に正解はありませんが、コンサルティング現場で得た感触では、中

【図表 42 昇格モデルごとの定年退職時のポイントイメージ】

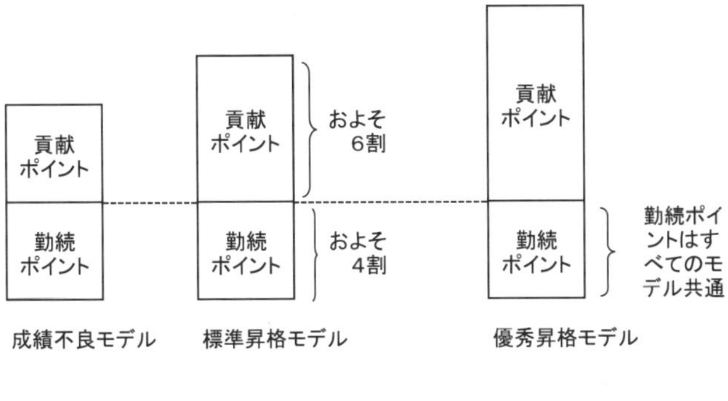

小企業の一般的なポイント制退職金では、標準的な昇格モデルの定年時の最終退職金ポイントで、勤続ポイントの累計がおよそ4割、貢献ポイントの累計がおよそ6割にするのが1つの目安になるようです。

なお、ポイント制退職金制度は、勤続ポイントは昇格モデルにかかわらず付与されます。そのため、図表42のように、標準者より早く昇格すれば結果的に貢献ポイントの比率が高まり、標準者より昇格が遅かったケースでは、反対に勤続ポイントの比率が高まります。

### ◆勤続ポイントとは

勤続ポイントはその名のとおり、勤続していれば全員に付与されるポイントです。この勤続ポイントは役職や等級などの違いにかからず、全員共通で、同じポイントを付与することが一般的です。

各従業員の退職金ポイントの計算や通知は年間1回だけ行う会社が多いですが、ポイントの計算時期にかならず入社や退職をするわけではありません。

入社や退職年度に1か月単位でポイントを付与する設計をする会社では、年間で付与する勤続ポイントを12の倍数にしておくと後の運用がしやすくなります。

### ◆貢献ポイントとは

貢献ポイントを決定する項目には、役職や職能等級、職能資格、その年の人事考課の結果などが用いられます。何を用いるかは会社の自由ですが、その会社の業績に対する貢献度合いがもっともよく示され、また従業員の大多数がそれを納得できるような項目を選ぶのがよいでしょう。人事制度が確立していない中小企業では、役職を貢献ポイントの決定項目に選ぶことが多いようです。

貢献ポイントの対象項目を考える場合は、名目的なものではなく、実際にそれが社内で機能していることが大切です。

【図表43　貢献ポイント項目の選択基準】

- ・業務上の職責や職務に密接に関係していること
- ・運用が年功的になっていないこと
- ・従業員本人がそのポジションにいることを認識していること
- ・本人のみならず、周囲の従業員もそれを認識していること　など

# Q26 貢献ポイントには何を選べばいい

**A** ① 貢献ポイントの決定基準となる項目は、主に４種類の中からその企業の実態を考慮して選びます。

② 中小企業では、役職を貢献ポイントの決定項目にすることが多くなっています。

---

### ◆貢献ポイントの決定基準の種類

貢献ポイントを決定する基準となる項目には、さまざまなものが考えられます。どれが正しいかはそれぞれの会社によって異なりますので難しいのですが、主に図表44の４種類の中から選ばれることが多いようです。

【図表44 貢献ポイントの決定基準の項目例】

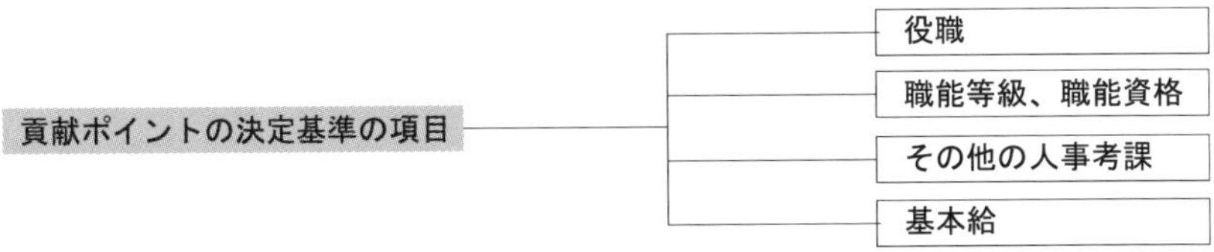


企業によっては、役職とその年の人事考課など、２種類を組み合わせる制度設計をすることもありますが、制度が複雑になるため、中小企業ではできれば１項目で決定したほうがよいでしょう。

### ◆役職を貢献ポイントとするには

中小企業で､職責や企業に対する貢献が反映され､また従業員に対してもっとも説明がつきやすいのは「役職」です。役職は企業の業績にあまり左右されずに本人の能力、業績によって決定するケースが多く、人事制度が確立していない中小企業でも役職の昇進時だけは慎重に検討する会社が多いようです。また、名刺に記載するなど社内はもちろん、対外的にも明確になっていることも使用しやすい理由の１つです。

しかし、ポストが空かないと役職に就けない企業や、職種によって役職昇進の難易度が異なるなど、単純に役職を貢献ポイントにするのは適切ではないこともあります。また、営業系の企業のように対外的なアピールのためにどんどん役職に就けるような企業の場合は、職責や職務と役職があまりリンクしていません。これらのケースでは、役職を貢献ポイントにするのは避けましょう。

### ◆職能等級（職能資格）を貢献ポイントとするには

職能等級（職能資格）制度を導入している企業では、職能等級（職能資格）を使用することもよく見られるケースです。職能等級を貢献ポイントの決定基準にする会社は、人事制度や賃金制度が確立していて等級ごとに賃金水準が異なるなど、従業員がその等級制度をよく理解し、等級の昇格を目標にしている会社が多いようです。

職能等級制度を導入していても年功的な運用になっていたり、従業員が自分の等級をあまり理解していないなど、貢献度の指標として十分に機能していない会社では、これらをポイントの対象とするのは避けたほうがよいでしょう。

### ◆人事考課の結果を貢献ポイントとするには

人事考課の結果など単年度の評価結果を貢献ポイントとすることもあります。「その年の貢献度をダイレクトに退職金に反映させたい」と考えるのであれば、人事考課の結果を貢献ポイントにするのも１つの考え方です。

しかし、評価者の主観が入る人事考課を貢献ポイントに使用するには、目標管理制度などを導入していて、その年の評価結果が従業員に対してきちんとフィードバックされていることが必要です。そもそも、等級ごとにグルーピングして評価をしている場合などは、人事考課を貢献ポイントにするのは適切ではありません。また、評価を複数で行っていたり、評価委員会などでその妥当性を確保していないと、評価結果に対する従業員の不満がたまるなど、将来の運用面でも不安があります。

### ◆基本給を貢献ポイントとするには

基本給を一定の幅でわけて貢献ポイントに換算したり、基本給の一定率を貢献ポイントとする場合には、基本給が年功的な運用になっていないことが前提条件になります。

また、基本給を基準にすると賃金制度の影響を受けることになりますので、ポイント制退職金を導入するメリットが少なくなります。むしろポイント制退職金にするよりは、基本給連動型や別テーブル方式に一工夫を加える制度設計をするほうがよいようです。

# Q27 ポイント制退職金のつくり方は

**A** ①　ポイント制退職金は昇格モデルの設計が最も重要です。

②　標準者の定年退職金から逆算して、基本となる勤続ポイントと貢献ポイントを決定します。

③　貢献ポイントは、昇格のハードルが高いところに多くの差がつくように設計します。

---

### ◆昇格モデルの作成

ポイント制退職金は、役職や資格ごとに定めたポイントを付与していき、その累計点数に退職理由ごとの勤続年数に応じた率（支給率）とポイント単価を乗じて退職金を決定する方法です。それでは、貢献ポイントを役職で決定する場合の設計方法を見ていきましょう。

基本給連動型はモデル賃金を使用して制度設計をしましたが、ポイント制退職金制度では、貢献ポイントの対象となる項目の昇格モデルにより制度設計を進めていきます。

今回は、最初に新卒入社の従業員が定年に達するまでの役職昇格モデルを作成します。通常は、もっとも早く昇格していった場合の優秀モデルと、標準的に昇格していった場合の標準モデルの２つを考えますが、会社の実情に合わせて昇格モデルを追加してください。

この昇格モデルが現実と相違していると、実際に退職金を支給するときに制度設計とずれますので、現在籍者の昇格年齢や人事制度等を参考にしながら、慎重に作成します。

【図表 45　昇格モデルの設定例】

<table>
<tr><th>年齢</th><th>0</th><th>1</th><th>2</th><th>3</th><th>4</th><th>5</th><th>6</th><th>7</th><th>8</th><th>9</th><th>10</th><th>11</th><th>12</th><th>13</th><th>14</th><th>15</th><th>16</th><th>17</th><th>18</th><th>19</th><th>20</th><th>21</th><th>22</th><th>23</th><th>24</th><th>25</th><th>26</th><th>27</th><th>28</th><th>29</th><th>30</th><th>31</th><th>32</th><th>33</th><th>34</th><th>35</th><th>36</th><th>37</th><th>38</th></tr>
<tr><td>標準モデル役職</td><td colspan="9">一般（標準滞留期間 8 年）</td><td colspan="15">主任（標準滞留期間 15 年）</td><td colspan="15">係長（標準滞留期間 15 年）</td></tr>
<tr><td>優秀モデル役職</td><td colspan="7">一般（標準滞留期間 6 年）</td><td colspan="7">主任（標準滞留期間 7 年）</td><td colspan="5">係長（標準滞留期間 5 年）</td><td colspan="10">課長（標準滞留期間 10 年）</td><td colspan="10">部長（標準滞留期間 10 年）</td></tr>
</table>

### ◆勤続ポイントの設計

昇格モデルが作成できたら、勤続ポイントを決定します。

勤続ポイントは標準モデルの定年退職金額から逆算します。例えば、標準昇格モデルの定年退職金額の想定額がおよそ 900 万円、そのときの勤続ポイントと貢献ポイントの割合を4：6になるように設計すると、勤続ポイントは900万円×40％で360万円になります。

勤続3年目から退職金ポイントを付与していき、勤続32年まで勤続ポイントを付与する制度だとすると、ポイントを付与する月数は合計で360か月になりますので、勤続ポイントは月間1ポイント、年間12ポイントで設計すればよいことになります。

今回はポイント単価を1万円としていますが、ポイントを細かく設定したい場合は、ポイント単価を1千円として、勤続ポイントは年間120ポイント、合計3,600ポイントを上限にした制度設計でも構いません。

### ◆貢献ポイントの設計

次に貢献ポイントを決定します。

貢献ポイントも、まず標準モデルの定年退職金をベースに設計を行います。貢献ポイントは、標準モデルで想定される役職のポイントにはあまり大きな差をつけません。標準モデルでは昇格できない上位の役職が、企業に対する貢献が大きくなることが一般的ですので、メリハリをつけるため標準モデルを超える役職のところで大きな格差をつけるのが重要です。

一番下位の役職（一般職）は、かならず付与されるポイントなので、実質は勤続ポイントと変わらないことになります。そのため、これを0ポイントにし、その分、勤続ポイントを増やす場合もあります。しかし、一番下位の役職にポイントを付与しておけば、将来勤続ポイントと貢献ポイントの比率を変えるときに、貢献ポイントだけを操作すればよくなります。はじめて制度を導入するときは、一番下位にも貢献ポイントを付与しておきましょう。

**【図表46　勤続ポイントと貢献ポイントの設計例】**

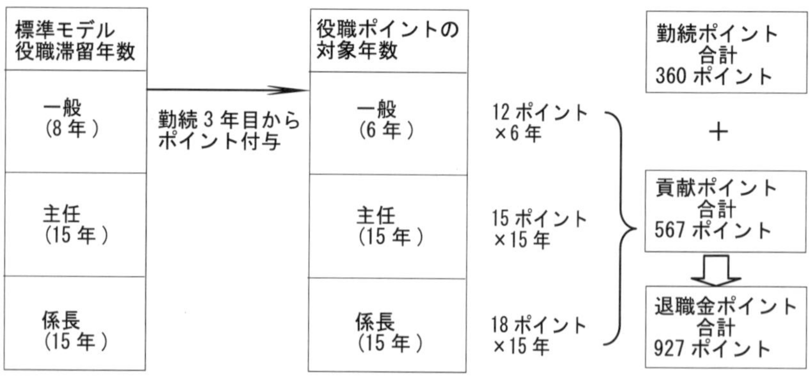

図表46の設計例では、標準昇格者の定年退職金900万円のうち、勤続ポイントで360万円をすでに割り振っているので、貢献ポイントで使用できるのは残りの540ポイントです。この540ポイントを各役職の標準滞留年数を考慮しながらポイントを決定します。

一般職12ポイント、主任15ポイント、係長18ポイントを年間の付与にすると合計567ポイントになります。勤続ポイントとあわせて927ポイントなので、想定の900ポイントにほぼ見合う設計ができました。

### ◆優秀昇格モデルで使用する貢献ポイントの設計

次に優秀モデルで出てくる上位の役職の貢献ポイントを決定します。優秀昇格モデルの定年退職金がおよそ1,300万円になるように設計してみます。

係長までの貢献ポイントはすでに決定しているので、残りの課長を年間30ポイント、部長を36ポイントに設定すると貢献ポイント合計が903ポイントになります。勤続ポイントとあわせて1,263ポイントになりました。

**【図表47　優秀昇格モデルでのポイント付与の確認例】**

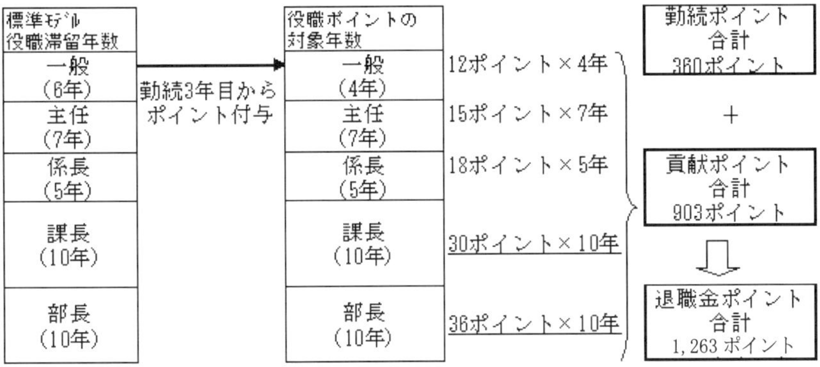


### ◆支給理由係数の設計

最後に中途退職の支給事由係数を決定し、中途退職金の金額を確認し、会社のイメージと乖離していなければ完成です。

**【図表48　中途退職の退職金額確認例】**

モデル中途退職金額
・勤続５年　標準モデル：　197,000円　優秀モデル：同じ
・勤続10年　標準モデル：　763,000円　優秀モデル：　786,000円
・勤続15年　標準モデル：1,657,000円　優秀モデル：1,717,000円
・勤続20年　標準モデル：2,855,000円　優秀モデル：3,166,000円

# Q28 選択制退職金ってどういう制度のこと

**A** ① 前払退職金として給与や賞与に加算するか、退職金で受け取るかを従業員個人の選択にゆだねる制度です。

② 前払退職金と退職金の選択の両方を完全に平等にするのは困難です。

③ 定年退職と自己都合に差をつけるためには工夫が必要になります。

### ◆選択制退職金制度とは

選択制退職金は、退職金相当額を給与や賞与に加算してもらうか、あるいは退職金として退職時にまとめて受け取るかを従業員各人に選択してもらう制度です。

退職金として受け取って将来に備えたいのか、あるいは今の収入を増やして現在の生活を豊かにしたいのか、従業員が多種多様な考え方をもつようになった現代では、従業員に任せてしまうのも1つの答えかもしれません。

### ◆基本給を貢献ポイントとするには

選択制退職金でもっとも注意が必要なのは、前払いとして給与や賞与に加算する方法を選択する従業員と、退職金として受け取る方法を選択する従業員をどのように平等にするかです。

退職金は税務上優遇されているばかりか、健康保険や雇用保険といった社会保険の負担がありません。しかし、前払退職金は名称こそ退職金であっても、税務上は給与所得になりますので、毎年の課税対象になり、また社会保険料の控除もあります。そのため退職金で受け取るより、手取総額は少なくなりますが、その分、退職時まで個人で資金運用ができるメリットもあります。これらの差異は、本人の選択なのでやむを得ないとも考えられます。

しかし、社会保険料は会社負担も発生します。退職金で受け取る予定の金額と、まったく同じ額を前払退職金で分割して支給したとすると、法定福利費の分だけ会社の負担は前払退職金のほうが大きくなります（Q7参照）。会社にしてみれば、毎年退職金相当額を精算できるメリットはあるものの、キャッシュを先に流出させた上に法定福利費分の負担も増しているのは平等ではない感じがします。

なお､前払退職金制度でよく利用する確定拠出年金（Q49参照）では､通常､

制度運営を委託する銀行や証券会社に支払う手数料を会社が負担します。この場合は、前払いを選択した従業員分は負担しなくて済みますので、その分で社会保険料の負担の一部をカバーできるかもしれません。

細かいところをあげるときりがなく、厳密に平等にするのは困難です。そのため、どこかで割り切る必要がありますが、合計の支給額をまったく同額にするか、あるいは多少差をつけるかは検討しておかなければなりません。これを検討しないで制度を始めてしまうと、従業員から質問があったときに明確に回答できずに制度への不信感を生んでしまうことになります。

### ◆基本給を貢献ポイントとするには

選択制退職金制度のもう１つの問題は、前払いで支給した給与や賞与を返還してもらうことはできないことです。

通常、退職金制度は自己都合と定年退職では支給水準が異なることが一般的です。しかし、前払退職金で支給する分は、将来のそれぞれの従業員の退職理由を想定することはできないため、結果的に自己都合と定年退職のどちらも同額を支給したことになります。前払退職金ではなく退職金を選択した方にだけ、定年退職と自己都合の格差をつけるわけにはいきません。したがって、退職金に長期勤続の奨励する効果を期待していても、選択制退職金制度ではその効果が期待できなくなります。

これらの選択制退職金制度のデメリットを回避するためには、自己都合退職の支給カーブにあわせて前払退職金の設定を行い、定年退職の場合に限り、退職一時金を別途支給する方法が考えられます。

また、退職金には懲戒免職の不支給など不祥事の抑止力の効果があります。しかし、前払退職金ですでに支給した分の返還を求めるのは事実上困難であり、これを考えても定年時の追加支給は残したほうがよさそうです。

【図表 49　定年退職の場合に加算する前払退職金制度のイメージ】

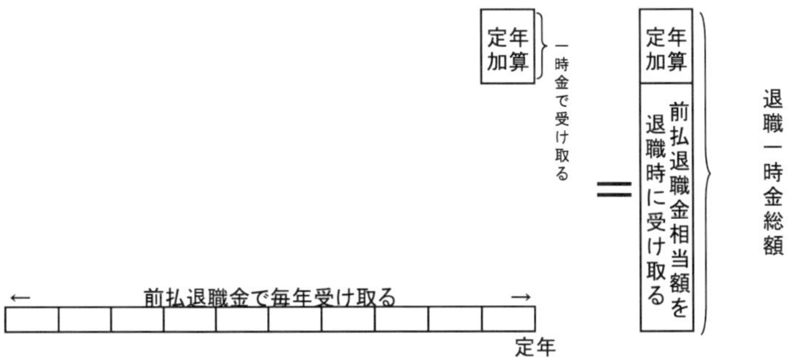

# Q29 選択制退職金のつくり方は

**A** ① 選択制退職金の実態は退職金の支払方法であり、退職金の制度設計ではありません。

② 自己都合と定年退職の差をつけたり、退職金の一部だけを選択制にする場合には、管理が煩雑になることがあります。

---

**◆前払退職金の支給額の決め方**

選択制退職金は、退職金の金額を決める制度ではありません。あくまでも退職金の受け取り方を、前払いか退職金のどちらにするかを従業員それぞれに任せる制度です。選択制退職金であっても、退職金として受け取る方はいますので、どのような退職金制度を設計するかを決めなければなりません。

自己都合と定年退職の差はつけずに、前払いを選択した従業員と退職金を選択した従業員が同額でよいという会社であれば、前払いの支給額を決定するのは容易です。まずは役職ごとなどの前払額の年間の金額を決定し、前払退職金を選択しなかった従業員にはその累計額を退職金として支給することになります。

しかし、自己都合と定年退職では差をつけたい会社の場合は、選択の有無で不平等にならないように前払額を決定しなければなりません。できるだけ平等にするには、それぞれの従業員が1年間在職したときに増える退職金を計算し、その金額を前払い相当とすることが考えられます。つまり、今年の年度末に自己都合で退職したときの退職金額と、来年の年度末に自己都合で退職したときの退職金額の差額を12等分した金額を、毎月の給与で支給するか、半分ずつ賞与に加算するのです。

【図表50 前払退職金の設定例】

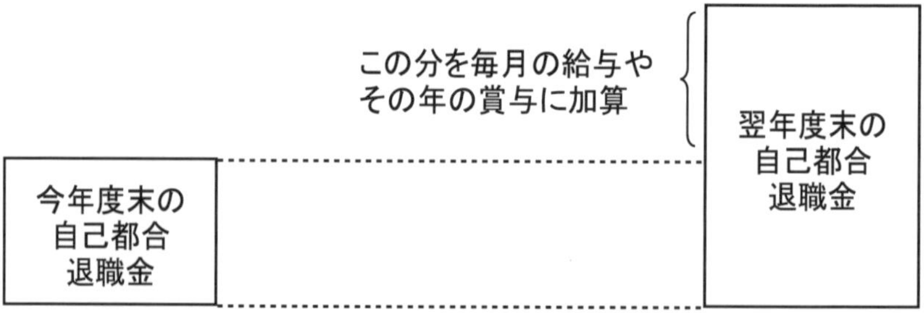

### ◆定年退職時の支給額の調整方法

勤続年数がある程度長く、例えば「勤続30年以上になれば自己都合と定年退職は同額にする」という会社ならば、勤続30年以上は図表51の自己都合退職金が定年退職金に自然に置き換わりますので、先ほどの方法で定年退職金の全額が前払退職金として支給されています。

しかし、勤続年数が長くなっても自己都合退職と定年退職が同額にはしないという場合や、中途入社で退職理由係数が100％になる前に定年を迎えることもあります。先ほどの会社であれば、勤続30年未満で定年になる場合がこれにあたります。

このような場合は図表51の２通りの調整方法があります。

【図表51　退職理由係数が100%にならない会社の調整方法】

| | |
|---|---|
| ① | 定年を迎える最後の１年で調整する方法 |
| | 翌年度末に支給するはずの退職金を定年退職金に置きかえます。例えば、９月末で定年となるのであれば、「９月末の定年退職金－３月末の自己都合退職金」を６等分して給与で支給して調整します。 |
| ② | 差額は退職一時金で支給する方法 |
| | 前払いで支給した金額の累計額と定年退職金の支給額の差を退職一時金で支給します。例えば、前払退職金を選択した定年退職者にこれまで800万円を前払いで支給しており、この退職者が退職金を選択していれば1,000万円の支給を受けられていたならば、差額の200万円を退職金で支給します。 |

### ◆退職金制度の一部を選択制退職金にするときは

もちろん、退職金の全額を選択制退職金とせず、一部を選択制、残りは選択させずに全員退職金として支給することも可能です。

先ほどの②の方法は、事実上、退職金制度の一部だけを選択制退職金にしています。

退職一時金で支給する部分を残すのであれば、毎年の自己都合支給額の差を用いて個別に前払金額を決定しなくても、選択できる前払金額を一律、例えば月額１万円などに固定してもかまいません。最終的に退職するときには、これまで前払いで支給した金額を規程上の金額から差し引いて、退職金一時金として支給します。

この場合、役職などに応じて、一律の支給額を変更することもできます。ただし、誰にいくらの退職金を前払いしてあるのかをきちんと管理しておかなければならず、管理が煩雑になることは覚悟しなければなりません。

## Q30 短時間勤務正社員の退職金制度の考え方は

**A** ① 短時間勤務正社員の退職金を正社員と同額にするか、勤務時間に見合った金額にするかは会社の方針次第です。

② 勤務時間に応じて設計する場合は、育児短時間勤務や介護短時間勤務との整合性もあわせて検討するようにしましょう。

### ◆短時間勤務正社員への退職金

最近では、ワークライフバランスの充実を図るため、一般の正社員より勤務日数や勤務時間数が短い「短時間勤務正社員制度」を導入する会社も増えてきました。勤務日数や勤務時間が短いからとはいえ、正規雇用である短時間勤務正社員は、退職金制度の支給対象になっていることが多いようです。

短時間勤務正社員への退職金の支給額は、勤務時間が短い分だけ正社員の退職金額より少なくすることが通例のようですが、会社によっては、「給与や賞与で差をつけているので退職金は同額にする」といったケースもあります。

通常の正社員と短時間勤務正社員の退職金を同額にするか、あるいは勤務時間数に見合った退職金にするかは、どちらも誤りではありませんので、それぞれの会社で方針を決定しましょう。

### ◆通常の正社員の退職金と差をつける場合の注意点

一般の正社員の退職金額に比べ短時間勤務正社員の退職金額を少なくする場合は、「育児短時間勤務」「介護短時間勤務」を取得した従業員の期間中の退職金をどうするかもあわせて検討しなければなりません。

一般的には、育児・介護短時間勤務を取得しても、退職金ではその期間中を考慮することなく、そのまま正社員としての勤続年数に含めて算定することが多いようです。

しかし、短時間勤務正社員の中には、育児や介護といった家庭の事情で短時間勤務正社員を選択した従業員もいることでしょう。

あるいは、会社の制度としての育児・介護短時間勤務が取得できる期間を経過した後、一般の正社員から短時間勤務正社員に身分変更する従業員もこれから出てくるかもしれません。

例えば、育児・介護短時間勤務の所定労働時間が６時間だったとし、短時間勤務正社員も６時間の所定労働時間だとします。この場合、退職金の計算上は、育児・介護短時間勤務は正社員と同じ８時間とみなされているのと同じであるのに対し、短時間勤務正社員は時間按分した８分の６時間で算定されたとすると、公平とは言えないかもしれません。

さらに、育児・介護短時間勤務の所定労働時間が６時間、短時間勤務正社員の所定労働時間が７時間の制度にしている会社の場合は、退職金の計算上は実際の所定労働時間が長い短時間勤務正社員のほうが育児・介護短時間勤務中の従業員より退職金に反映される金額が少なくなることになります。これでは、短時間勤務正社員から不満の声が上がるかもしれません。

このように考えると、「育児短時間勤務」「介護短時間勤務」を取得している正社員と、短時間勤務正社員が仮に同じ勤務時間数だったとすれば、その間は同じ退職金が算定される設計の方がよいかもしれません。

短時間勤務正社員に対する退職金の設計を考えるときは、短時間勤務正社員を会社がどのように位置づけているのか、あるいは短時間勤務正社員の所定労働時間の制度がどうなっているのかを踏まえ、正社員と退職金に差をつけるべきかどうかを決定するようにしましょう。

また、正社員と短時間勤務正社員の退職金で所定労働時間に見合った金額差をつける場合は、この両者の比較だけではなく、「育児短時間勤務」「介護短時間勤務」期間との整合性も念頭に置いてあわせて検討するようにしましょう。

**【図表 52　短時間勤務正社員に対する退職金の考え方】**

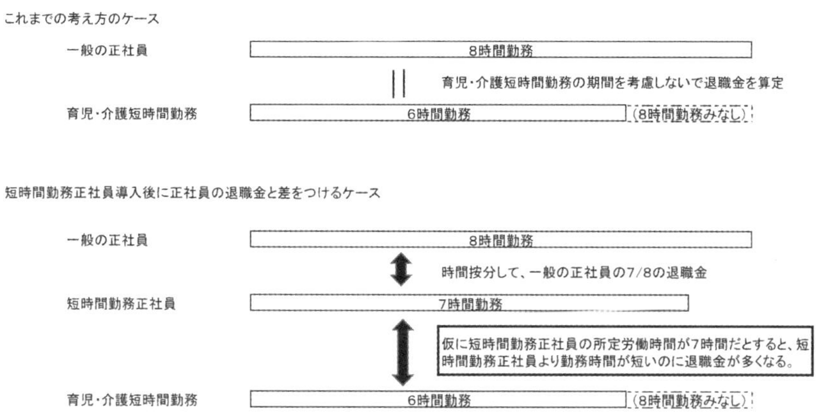

# Q31 短時間勤務正社員の退職金制度の設計は

**A** ① 短時間勤務正社員の退職金に一般の正社員との差をつける場合は、単純な時間按分だけでは不十分です。

② 「基本給連動型」「定額制」「別テーブル方式」の退職金制度では、途中での身分変更に留意する必要があります。

③ 「ポイント制退職金制度」は、その年の身分が反映されるので、年度途中での身分変更以外は特段気をつける必要はありません。

### ◆短時間勤務正社員の制度設計は

短時間勤務正社員の退職金を一般の正社員より所定労働時間に応じて減額しようとするときは、基本的には正社員の退職金制度を踏襲することが多いようです。

しかし、正社員の退職金制度を単純に時間按分するだけでは問題が生じることもあります。

退職金のタイプ別に、注意すべき点を見ていきましょう。

### ◆基本給連動型退職金制度の場合

基本給連動型退職金制度は、通常退職時の基本給に勤続年数に応じた退職事由別支給係数を乗じて退職金を計算します。短時間勤務正社員は、ほとんどのケースであらかじめ労働時間数に見合った基本給が設定されていますので、基本的には一般の正社員の退職金制度と同じでよいでしょう。

ただし、短時間勤務正社員から通常の正社員へ、あるいは通常の正社員から短時間勤務正社員への変更が想定される場合は、退職時の区分による基本給で退職金が計算されますので公平とは言えません。

例えば、一般の正社員から短時間勤務正社員に身分変更したことで基本給が勤務時間に応じて減額され、短時間勤務正社員のまま退職したとすると、退職金は最後の短時間勤務正社員時の基本給で算定されてしまうことになります。

これを防止するためには、短時間勤務正社員の基本給を一般の正社員の基本給に置き換え、勤続年数側で短時間勤務正社員であった期間を時間按分して短縮すれば公平な制度とすることができます。

【図表 53　勤続年数を調整した基本給連動型退職金制度】

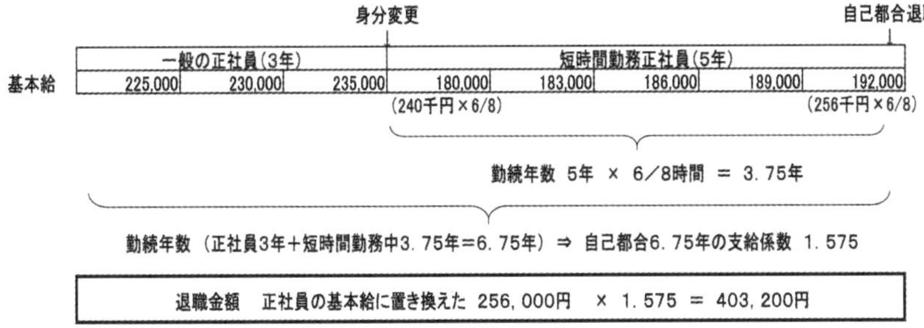


### ◆定額制退職金制度や別テーブル方式退職金制度の場合

定額制退職金制度の場合であれば、短時間勤務正社員用の退職金支給額表を作成してもよいですし、別テーブル方式であれば短時間勤務正社員用に算定基礎額を設けることが考えられます。この場合は、所定労働時間で按分して作成するのが合理的です。

あるいは、一般の正社員の退職金制度のまま退職金を計算し、最終支給額を時間按分することもできます。

ただし、基本給連動型で説明したように、途中で身分変更をする可能性がある場合は、単純な時間按分だけでは公平性が保てなくなります。

### ◆ポイント制退職金制度の場合

ポイント制退職金制度を設けている会社では、毎年退職金ポイントが付与され、退職時までの累計ポイントで退職金が算出されます。ほとんどのケースでは、退職金ポイントは「勤続ポイント」と「貢献ポイント」で構成されていますので、短時間勤務社員用の勤続ポイントと貢献ポイントを設定することになります。

会社の考え方にもよりますが、短時間勤務正社員用の退職金ポイントは、勤続ポイントは一般の正社員と同じにするか、所定労働時間数に比例したポイントとするのがよいでしょう。また、貢献ポイントは、貢献度合を勘案して設計しますが、短時間勤務正社員の等級や役割などを一般の正社員と同じ人事制度で運用している会社であれば、一般の正社員の貢献ポイントを時間按分して決定するのが妥当です。

なお、ポイント制退職金制度はその年の身分に応じて退職金ポイントを算出していますので、年の途中で身分が変更になるケースのその年度を除き、途中での身分変更を気にする必要はありません。

# Q32 契約社員の退職金制度は必要か

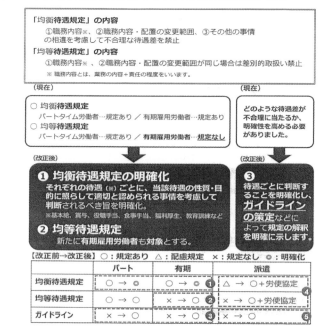

**A** ① パートタイム労働者や有期雇用労働者に対する均衡待遇と均等待遇が明確化されました。

② 同一労働同一賃金ガイドラインでは退職金については触れられていませんが、今後は退職金も均等待遇や均衡待遇が求められる可能性があります。

### ◆非正規労働者に対する均衡待遇と均等待遇

これまで退職金は、正社員のみを支給対象とすることは当然と考えられてきました。しかし、働き方改革の一環で「同一企業内における正規と非正規労働者との間の不合理な待遇の差をなくす」ため、平成31年にパートタイム・有期雇用労働法と労働契約法が改正されました。いわゆる「同一労働同一賃金」です。

今回の法改正により、パートタイム労働者や有期雇用労働者に対する「均衡待遇」が明確化されるとともに、これまで対象になっていなかった有期雇用労働者への「均等待遇」が規定化されました（図表54）。

【図表54　不合理な待遇差をなくすための規定の整備内容】

「均衡待遇規定」の内容
①職務内容※、②職務内容・配置の変更範囲、③その他の事情の相違を考慮して不合理な待遇差を禁止

「均等待遇規定」の内容
①職務内容※ 、②職務内容・配置の変更範囲が同じ場合は差別的取扱い禁止

※ 職務内容とは、業務の内容＋責任の程度をいいます。

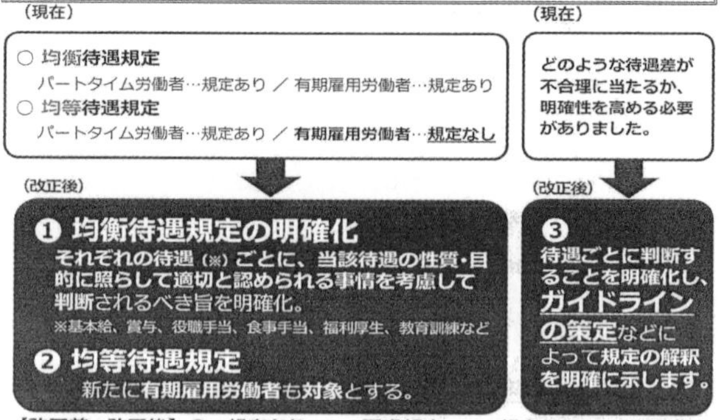

（現在）
○ 均衡待遇規定
パートタイム労働者…規定あり ／ 有期雇用労働者…規定あり
○ 均等待遇規定
パートタイム労働者…規定あり ／ 有期雇用労働者…規定なし
（現在）
どのような待遇差が不合理に当たるか、明確性を高める必要がありました。
（改正後）
❶ 均衡待遇規定の明確化
それぞれの待遇（※）ごとに、当該待遇の性質・目的に照らして適切と認められる事情を考慮して判断されるべき旨を明確化。
※基本給、賞与、役職手当、食事手当、福利厚生、教育訓練など
❷ 均等待遇規定
新たに有期雇用労働者も対象とする。
（改正後）
❸
待遇ごとに判断することを明確化し、ガイドラインの策定などによって規定の解釈を明確に示します。


【改正前→改正後】 ○：規定あり　△：配慮規定　×：規定なし　◎：明確化

| | パート | 有期 | 派遣 |
|---|---|---|---|
| 均衡待遇規定 | ○ → ◎ | ○ → ◎ ❶ | △ → ○＋労使協定 ❹ |
| 均等待遇規定 | ○ → ○ | × → ○ ❷ | × → ○＋労使協定 |
| ガイドライン | × → ○ | × → ○ ❸ | × → ○ ❺ |

### ◆同一労働同一賃金と退職金

これまでも均衡待遇や均等待遇の考え方は存在しており、「不合理な」待遇差は禁じられていましたが、今回の法改正に合わせ、「短時間・有期雇用労働者及び派遣労働者に対する不合理な待遇の禁止等に関する指針（同一労働同一賃金ガイドライン）」が策定され、問題とならない事例と問題となる事例の典型的なものが示されました（図表55）。

このガイドラインによると、退職金については特に示されていないので、これまでどおり退職金は正社員だけを対象にしていても問題ないように思います。しかし、東京メトロの子会社に長年勤めてきた契約社員が正社員との間に様々な待遇の格差があるのは不合理であると訴えた訴訟では、「退職金において長年の勤務に対する功労報奨の性格を持つ部分すら支給しないのは不合理である」として、正社員の「少なくとも4分の1」の支給を命じる判決が下されました（平31.2.20　東京高裁）。

この判決は最高裁（最三小判　令和2年10月13日）で覆され、「退職金の不支給が不合理な待遇差にはあたらず、労働契約法第20条には違反しない」となりましたが、契約社員などの非正規労働者に対する退職金についても、その合理的な理由が厳格に求められる流れになりそうです。

**【図表55　同一労働同一賃金ガイドラインの概要】**

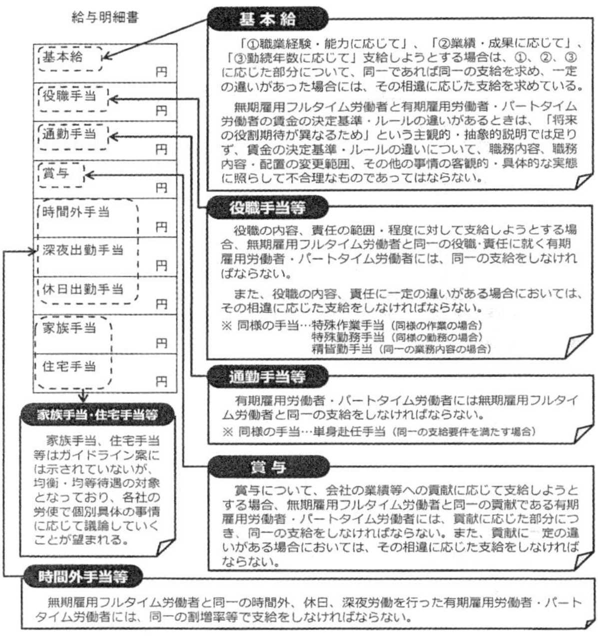

# Q33 契約社員の退職金制度の設計は

**A** ① 契約社員の賃金体系や就業形態によって、退職金制度の設計の方法が異なります。

② 月給制の契約社員であれば、短時間勤務正社員の退職金の考え方が流用できます。

③ 時給制の契約社員がいる場合は、利用できる退職金制度が限定されます。

④ 定年再雇用の嘱託社員が契約社員に含まれていないかを確認しましょう。

### ◆月給制の契約社員への退職金

ひとくちに契約社員と言っても、会社によってその形態はさまざまです。例えば、賃金体系１つをとっても、月給制だけの会社もあれば、時給制しかいない会社もあります。さらに、両方の賃金体系が混在している会社もあるでしょう。また、所定労働日数や所定労働時間もそれぞれの会社で違うのはもちろん、契約社員ごとに異なる場合もあります。

契約社員の賃金体系が正社員と同じ月給制で、所定労働時間も同じか、勤務日数や時間が異なるだけであれば、Q31 の短時間勤務正社員への退職金の考え方を流用し、そこから「合理的」な格差をつけた退職金制度の設計をすればよいと思われます。合理的といっても難しいのですが､簡単に言うと、「正社員と差があることの説明をすることができること」になります。

### ◆時給制の契約社員への退職金

時給制の契約社員が存在する場合は、正社員の退職金制度を踏襲できるか否かは退職金のタイプによります。正社員が「基本給連動型」退職金制度の場合は、月給制の正社員と時給制の契約社員の基本給を比較することは困難なので、契約社員独自の退職金制度を設けたほうがよいでしょう。

正社員の退職金制度が「定額制」や「別テーブル方式」であれば、定額制の退職金額表や別テーブル方式の算定基礎額を契約社員用に作成することで、正社員と同じ制度にすることもできますし、契約社員独自の退職金制度を設けても構いません。

正社員が「ポイント制」退職金制度であれば、契約社員用の退職金ポイントを設けることで正社員の制度を踏襲することができます。もちろん、正社員の制度とは別に契約社員独自の退職金制度を作成することも可能です。

正社員の退職金制度と同じ制度を用いて契約社員の退職金制度を設計する場合は、正社員に比べて退職金の支給額だけが異なることが明白です。正社員の退職金と契約社員の退職金の格差について「合理的な」理由が説明できる制度設計がのぞまれます。

正社員の退職金制度とはまったく別の制度で契約社員独自の退職金制度を設計する場合は、正社員の退職金制度との比較が難しいので、ハードルは低くなります。

しかし、正社員と同一の労働をしている契約社員に対する退職金の支給額が、実際の労働日数や時間数以外の要素で大幅に異なることは避けておいたほうが無難です。

【図表 56　契約社員の賃金体系と退職金制度のタイプ】

| 退職金制度のタイプ | 契約社員の賃金体系 | | |
|---|---|---|---|
| | 月給制のみ | 月給制と時給制の混在 | 時給制のみ |
| 基本給連動型退職金制度 | ○ | × | × |
| 定額制退職金制度 | ○ | ○ | ○ |
| 別テーブル方式退職金制度 | ○ | ○ | ○ |
| ポイント制退職金制度 | ○ | ○ | ○ |

### ◆契約社員の退職金の設計と注意点

所定労働日数や所定労働時間が異なる契約社員がいる場合に、契約社員用の退職金制度を設けようとするのはなかなか難しいかもしれません。フルタイムの契約社員を前提にいったん制度設計を行い、Q31 の短時間勤務正社員の考え方を取り入れる手順が設計しやすいかもしれません。

あるいは、契約社員と称していても、実態はパートタイマーに近い会社であれば、Q35、Q36 で説明するパートタイマーへの退職金のほうが適切かもしれません。それぞれの会社で定義している契約社員の実態を踏まえ、設計しやすい方法で作成してください。

なお､会社によっては､契約社員に定年再雇用の嘱託社員を含めているケースがあります。嘱託社員は、正社員の定年退職時にすでに退職金を受け取っていることが多く、その他の契約社員とは同列ではありません。嘱託社員のことを考慮せずに、契約社員の退職金制度を作成してしまうと会社の意思に反して嘱託社員へも退職金を支給することになることがあります。

「契約社員には退職金を支給するが、嘱託社員は支給しない」のであれば、退職金規程で明確にしておかないとトラブルにつながることがありますので、ご注意ください。

## Q34 パートタイマーへの退職金の考え方は

**A** ① パートタイマーの長期勤続や採用活動を有利にするために退職金制度は有用です。

② パートタイマーの退職金は勤続年数によって決定する「定額制退職金」が適しています。

③ 退職金に差をつける必要がある場合は、簡略化した「ポイント制退職金」で対応しましょう。

**◆パートタイマー退職金の導入の効果は**

ここ数年、中小企業では人手不足が顕著になっており、人材不足を補うためにパートタイマーに頼らざるを得ない企業も多くなっているようです。このような環境では、ベテランのパートタイマーは会社にとってとても重要な存在といえるでしょう。

しかし、パートタイマーは少しでも時給が高い職があると転職してしまうなど流動性が高く、たのもしいベテランのパートタイマーになるまで続けてもらえることはなかなか難しいようです。それればかりか、そもそも「何度パートタイマーの募集をしてもぜんぜん応募がない」となげく会社もよく耳にします。

パートタイマーの長期勤続を奨励するために、退職金制度があるというのは1つのアピールになります。もちろん、パートタイマーの採用活動にもよい影響を与えるでしょう。

パートタイマーの採用活動が厳しい、あるいはパートタイマーがすぐ辞めてしまうといった悩みを持つ会社は、パートタイマー退職金制度の導入を検討してみてはいかがでしょうか。

**◆パートタイマー退職金に適した退職金制度は**

パートタイマー退職金は、まさしく長期勤続を奨励するための制度です。そうであれば、もっとも適している制度はQ16で説明した定額制の退職金制度になるでしょう。

定額制退職金は、勤続年数によって退職金をダイレクトに決定する制度です。もちろん、パートタイマーであっても個人ごとにその能力やポジション、会社に対する貢献度は異なると思います。
しかし、これらは、時給、あるいは賞与を支給する会社であれば、賞与で反映させないと、それこそ長期間にわたって、やりがいをもって働いてもらうことはできないでしょう。そのうえで、さらにインセンティブとして退職金を支給すると割り切って、シンプルでわかりやすい定額制退職金がベストといえます。

【図表57　パートタイマー退職金の考え方

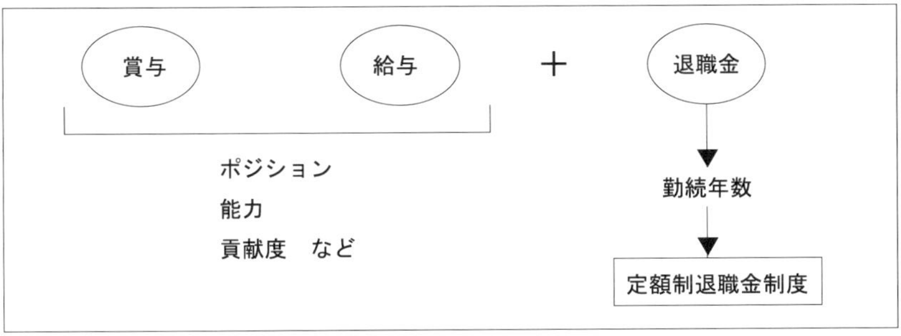


### ◆パートタイマー退職金の注意点は

中小企業のパートタイマーは、期間の定めのある有期雇用であることが一般的です。会社側からパートタイマーとの雇用契約を解消する申入れをするのは、ほとんどが契約期間の満了時です。しかし、パートタイマー側から退職するのは、必ずしも契約満了時とは限りません。契約期間の途中で突然退職され、業務に影響が出てしまうケースもあります。
せっかくインセンティブとして退職金を支給するのですから、これらを防止するために、「退職金は契約満了で退職する場合に限り支給する。ただし、やむを得ない理由があると会社が認めた場合には契約満了に準じて支給する」旨を規定しておきましょう。

### ◆パートタイマーの退職金に差をつけたい場合は

1日や週の労働時間が異なるパートタイマーがいる場合や、パートタイマーに対する賃金制度がしっかりしていて、ランクや役職により退職金に差をつけたい場合はどうしたらよいでしょうか。
定額制退職金で役職加算をするのは、最終役職がすべてではないので無理があります（Q17参照）。
パートタイマーの退職金に差をつけたい場合は、簡略化したポイント制退職金とするのがよいでしょう。

# Q35 パートタイマー退職金のつくり方は

**A** ① パートタイマー退職金は定年と中途退職を考慮する必要はありません。

② パートタイマーとして長年頑張ってくれたと思える勤続年数から決定していきます。

---

### ◆パートタイマー退職金の設計方法

パートタイマーへの退職金は、長期勤続に対するインセンティブであり、契約満了やパートタイマーの定年がある会社では定年での退職金を想定した制度で十分です。

そのため、正社員に対する定額制退職金制度のように定年と中途退職を区別必要はなく、勤続年数も年単位で考えればよいでしょう。

制度を導入する場合は、まず、何年以上勤務してもらったら退職金を支給する価値があるかを決定することです。また、その勤続年数以後、さらに何年間勤務したら支給額を増やしてよいと考えるかを検討します。

今回は、勤続5年以上勤務したときに退職金を支給し、10年以上勤務した場合は退職金を増額していくと仮定しました。この場合の設定と規定例は図表58のようになります。

【図表58 パートタイマー退職金の設定と規定例】

パートタイマーが定年、契約満了により退職した場合は勤続年数に応じて以下の金額の退職金を支給する。

ただし、会社がやむを得ない事由があると認め、特に必要があると判断した場合は自己都合退職の場合であっても退職金を支給することがある。

・勤続５年以上　10万円　以降１年ごとに２万円を加算
・勤続10年以上　20万円　以降１年ごとに４万円を加算
・勤続30年以上　100万円

＊勤続年数は入社から退職の日までとする。
ただし、長期欠勤、産前産後休暇、育児休業、介護休業等により勤務しなかった期間は勤続年数から除外し、１年に満たない期間は切り捨てる。

# Q36 パートタイマーの退職金に差をつけたいときのつくり方は

**A** ① パートタイマーの退職金に差をつけたいときは、簡略化したポイント制退職金を活用します。

② 簡略化したポイント制退職金は、出勤日数やランク、役職などの１つの要素に絞ってポイントを付与します。

◆パートタイマーの退職金に差をつけたいときの設計方法

１日や週の労働時間が異なるパートタイマーがいる場合や、パートタイマーのランクや役職などにより、退職金に差をつけたいと考える会社では、簡略化したポイント制退職金の導入がベターです。

所定労働日数が異なるだけなら、定額制退職金を所定労働日数で按分すればよいと考えるかもしれませんが、入社から退職まで同じ所定労働日数ではないこともあります。

ポイント制退職金といっても、一般的な勤続ポイントと貢献ポイントから構成されるものではありません。

例えば、実際の出勤日数など、１つの要素だけに絞ったとても簡略化した制度設計です。

図表59は、有給休暇が比例付与となっている所定労働日数を活用して、制度設計を行ってみました。

【図表59 パートタイマーのポイント制退職金の設定と規定例】

1） パートタイマーには4月1日から翌年3月31日までの出勤日数に応じて、毎年3月31日に以下の退職金ポイントを付与する。

・その年の出勤日数が217日以上　20ポイント
・　　同　　　　　　169日以上　15ポイント
・　　同　　　　　　121日以上　10ポイント

2） 勤続５年以上のパートタイマーが定年、契約満了により退職した場合は、各人の退職金ポイントに1,000円を乗じた金額を退職金として支給する。

ただし、会社がやむを得ない事由があると認め、特に必要があると判断した場合は、自己都合退職であっても退職金を支給することがある。

# Q37 中小企業の退職金制度の問題ってなに

**A** ① 退職金制度は、支給水準や支給額の決定方法、資金準備、退職金規程の４つの要素により構成されています。

② ４つの要素はすべて関連してきますので、総合的に退職金制度の問題点を把握する必要があります。

### ◆退職金制度を構成する要素

中小企業の退職金制度の問題点は、大きくわけて、①退職金の支給水準、②支給額の決定方法、③資金準備の方法、④退職金規程の記載方法の４つがあります。この４つはそれぞれ独立しているものではなく、関連しながら１つの退職金制度を構成しています。このことが退職金制度の見直しをするときに、わかりにくくしている原因になっています（図表60）。

**【図表60　退職金制度の構成】**

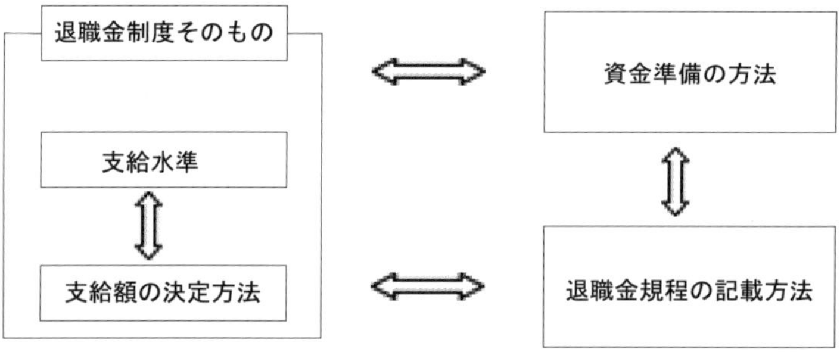


### ◆退職金の支給水準

従業員にとって、もっとも興味があるのは退職金の支給水準です。支給水準の各種統計資料をみると、統計の特性もありコンサルティング現場での実感数字より高めに出ているようです。「隣の芝は青く見える」のことわざどおり、従業員は自社の退職金を過小評価する傾向にもあるようです。

中小企業が多く導入していた適格退職年金制度（適年）では、会社が直接退職金を支払わず、受託機関が支払っていました。適年は会社の掛け金が不足していても規定とおりの金額を支給しますので、結果的には積み立て不足が表面化し、制度が廃止になりました。積立不足は運用環境の問題もあったわけですが、会社からすれば過大な退職金の支給水準であったことを物語っています。適年の廃止後も、退職金の水準は変えずに退職金制度を継続している会社は、いずれ同じ問題に直面するかもしれません。

### ◆退職金の決定方法

中小企業でもっとも多い退職金制度は基本給連動型です。基本給連動型は、最終基本給に勤続年数ごとの支給係数を乗じて退職金を計算します。

この制度の大きな問題点は、賃金制度やベースアップなどの社会情勢に退職金も影響されることです。退職金制度を見直していなければ、基本給が上がればその分だけ退職金も上昇するのはすぐにおわかりになるかと思います。給与や賞与は、人件費として毎年の決算に影響しますので、経営者は大きな関心があります。しかし、退職金は退職者がいなければ支給もせず、さらに基本給連動型では計算をしてみないと退職金がわかりません。退職者がいても勤続年数が短かかったり、自己都合退職であれば規程上の満額が支払われないこともあり、制度の問題点に気がついていない可能性があります。

昨今では、成果主義を取り入れた退職金制度に変更する企業や、退職金制度を廃止する企業も増えています。成果主義が良いわけではありませんが、会社の退職金制度に対する考え方を整理する時期が来ています。

### ◆退職金の資金準備

せっかく退職金制度を見直していても、資金準備が適切でないために、いざ支給するときに退職者に支払うキャッシュが足りないことも起こります。

退職金制度の種類によっては、資金準備と直接リンクしているものもあります。

しかし、中小企業で多く用いられている中小企業退職金共済制度（中退共）では、制度上、資金全額の準備は困難です。退職金の支給のために、会社の経営に大きな影響を与えたのでは、本末転倒です。自社の制度に見合った適切な方法の資金準備をしているかは、大きな課題です。

### ◆退職金規程の記載方法

ここ数年、会社と従業員の間で労務トラブルが多発しており、増加の一途をたどっています。労務トラブルは、在職者より退職者との間で起きることが多くなっています。退職金規程が整備されていないために、労務トラブルを助長したり、想定外の退職金を支払う羽目になることもあります。

時代に合わせた退職金規程の整備が求められます。

# Q38 退職金は廃止できないってホント

**A** ① 退職金制度の廃止は労働条件の不利益変更になります。
② 従業員に同意してもらわない限り、単純に廃止するのは困難でしょう。

## ◆退職金制度を廃止するための条件

ひとたび導入された退職金制度は、労働者の重大な労働条件になります。これを廃止することは「労働条件の不利益変更」になるので、合理的な理由がない限り、無効になります。

すでにある退職金を廃止することはもちろん、減額するだけでも、図表61の7つの条件をクリアする必要があります。

【図表61　クリアすべき7つの条件】

クリアすべき7つの条件

- ① 高度の必要性
- ② 代償措置の有無
- ③ 労働組合（労働者側）との交渉過程
- ④ 他の従業員の動向
- ⑤ 同規模・同業他社等の制度との比較
- ⑥ わが国一般の制度および支給額との比較
- ⑦ 経過措置の有無

## ◆退職金の廃止や減額に対する判例は

退職金の廃止や減額による労働条件の変更について、次のような判例があります。

「使用者が退職金に関する就業規則を変更し、従来の基準より低い基準を定めることを是認し、その効力が全労働者に及ぶとすれば、既往の労働の対象たる賃金について、使用者の一方的な減額を肯定するに等しい結果を招くのであって、このような就業規則の変更は、たとえ使用者に経営不振等の事情があるにしても、労働基準法の趣旨に照らし、とうてい合理的なものとみることはできない」(大阪日々新聞社事件：大阪高判　昭45.5.28)。

また、他の判例等をひもといても、退職金に関する不利益変更は労働者の合意がない限り許されず、民事上無効になる可能性が高いと考えられます。

# Q39 退職金をやめるときはどうすればいい

**A** ① 退職金制度を廃止するためには、「既得権」と「期待権」の２つの観点の検討が必要です。

② 既得権は、原則として全額保護するように努めなければなりません。

③ 期待権は、一定範囲で保護できるようにいくつかの措置を検討する必要があります。

**◆既得権と期待権とは**

退職金は基本的な労働条件の１つですから、規定に定められた金額を従業員は受け取る権利があります。退職金制度を廃止するのは労働条件を不利益に変更することになります。一口に不利益変更と言っても、これには「既得権」と「期待権」の２つの概念があります（図表62）。

「既得権」は、これまでの在職期間によりすでに受け取る権利が発生していると考えられる現時点での退職金額のことです。もう１つの「期待権」は、今後在職していればもらえるはずであった現時点から退職時までの増加分になります。

既得権をカットするのは制度を前に遡って実施するのと同じ意味になりますので、原則として避けるべきです。期待権については、現時点から将来に向かって変更するもので、まだ確定していない金額を変更しますので、既得権ほどは守られていないと考えるのが通例です。

【図表62 既得権と期待権】

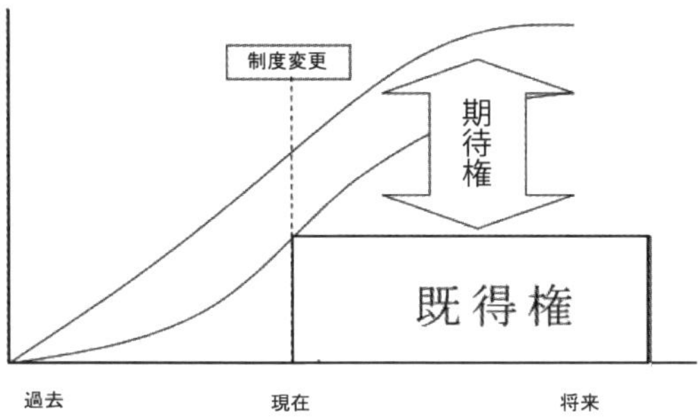


**◆既得権を守るには**

既得権は、退職金制度廃止時の退職金を支給すれば保護できます。制度廃止時点での各人の退職金額を計算し、その金額を従業員に支給すれば既得権を守ったことになります。

ところで、既得権には「会社都合」と「自己都合」のどちらの金額を保護すべきかといった議論があります。現時点ですでに確定している金額が既得権であると考えれば、自己都合退職をしたと見なした退職金額が最低限保護すべき金額といえます。

しかし、会社の方針で退職金制度を廃止するのであれば、会社都合の退職金額を支給しなければ、制度廃止に従業員が納得せず、現実的には難しいかもしれません。全員に会社都合の退職金を同じタイミングで支給するのは、会社には相当な負担になります。また、制度廃止時に会社都合の退職金を既得権として支給した後に、従業員が自己都合で退職すると、もらい得になりかねません。退職金制度を廃止しようとする場合はこれらのことも十分考慮する必要があります。

退職金制度を廃止するときに全額を精算するのが困難であれば、「退職金制度は廃止するが、現在職者には実際の退職理由に応じて、廃止時までの勤続年数で退職金を計算して支給する」方法をとることもあります。

### ◆期待権を守るには

期待権の一定部分を保護するためには、すぐに退職金制度を廃止するのではなく、現在職者に対してだけ一定期間これまでの退職金制度を適用するか、あるいは、将来の退職金に相当する額の一部を前払退職金として給与や賞与に上乗せすることが考えられます。

期待権は既得権ほど保護されていませんので、一定範囲を保護すればよいのではないでしょうか。

これから入社してくる従業員は、既得権も期待権もありませんので、これらの措置は現在職者に限ることになります。もちろん、退職金規程を変更して、その旨を記載することが必須です。

前払退職金は名称こそ「退職金」ですが、税法上は退職金にはならず、給与所得になります。したがって、退職所得としての税法上の優遇措置や、健康保険や厚生年金保険、雇用保険などの社会保険料の計算対象になりますので、そのことも踏まえて期待権の保護を検討しなければなりません。

また、企業にとっては社会保険料の負担のほかに、割増賃金の計算基礎にも含めなければならないので残業単価が上がります。このため、会社負担はさらに増えることを覚悟しておかなければなりません。

# Q40 退職金制度を廃止するときの税金は

**A** ① 退職金制度を完全に廃止して在職者に対して支給する退職金は、原則として「退職所得」になります。

② 事前に税理士または管轄の税務署に相談することをおすすめします。

### ◆制度廃止時の在職者に対する退職金は

退職金制度を完全に廃止したときに、これまでの規程に基づいて支給する退職金は、従業員がまだ在職していても、税法上は原則として退職所得として認められます。

退職所得は税法上、非課税枠が多く認められており、中小企業の退職金の水準では非課税となるケースがほとんどです。しかし、退職所得と認められない場合は､賞与として「給与所得」の扱いになります。給与所得になると、所得税が控除されるのはもちろん、その年のほかの給与所得と合算されるので翌年の住民税が増加します。制度廃止時の退職金といっても、勤続年数が長い人であれば相当な金額の支給になることもあるので、それに比例して所得税や住民税の大幅な上昇が予想されます。

このほかにも、住民税額によって計算される保育園の保育料が上昇するなど、予期せぬ影響が出ることもあるようです。

【図表 63　退職所得の計算方法】

課税退職所得＝(退職金額－退職所得控除) ÷ 2

＊退職所得控除

| | |
|---|---|
| 勤続年数２年未満 | 80 万円 |
| 勤続年数 20 年以下 | 40 万円 × 勤続年数 |
| 勤続年数 20 年以上 | 800 万円＋70 万円 ×（勤続年数－20 年） |

### ◆退職所得として認められないケースとは

退職金制度廃止時の退職金の支給は、ほかに退職金に類似する制度があったり、廃止する退職金制度による退職金を支給するタイミングが適切でない場合など、退職所得として認められないケースもあるようです。

退職金を廃止して在職者に退職金を支給するときは、事前に税理士または管轄の税務署で相談したほうがよいでしょう。

# Q41 退職金制度見直しのポイントは

**A** ① その会社にあった退職金制度はどのような制度かを決めることが最初のステップです。

② 中小企業の定年退職金は、800 ～ 1,500 万円が主流です。

③ 自己都合退職金と定年退職金の差のつけ方に気をつけましょう。

### ◆会社が求める退職金制度

退職金制度でもっとも重要なのは、退職金の決定方法が自社の理念にあっているかどうかです。現在ある退職金制度にとらわれることなく、本当に会社に必要な制度はどのような制度なのか、ゼロベースで退職金制度を検討することが大切です。

例えば、自社の退職金に求める役割は、勤続年数に応じて一律の支給がいいのか、はたまた在職中の貢献を強く反映した制度にしたいのか、あるいはその中間の制度なのかさまざまな内容が考えられます。

この求める役割により、使用する退職金制度のタイプが異なります。また、現在ある退職金制度をマイナーチェンジすれば対応できるのか、それとも全面リニューアルが必要なのかも判断できます。

また、企業によっては、複数の退職金制度がある会社もあります。退職金規程は1つであっても、そのうちの一部を確定拠出年金や厚生年金基金から

**【図表 64　年金制度と一時金の両方がある場合の関係】**

| 年金のみ | 内枠方式 | | 外枠方式 | |
|---|---|---|---|---|
| 退職金規程はなく、退職年金規程で 100%支給 | 退職金の一部（定年給付のみ）を退職年金規程から支給 | 退職金の一部（退職金の 50%等）を退職年金規程から支給 | 退職金とは別に退職年金規程からも支給 | 定年時のみ退職金に退職年金を加算して支給 |

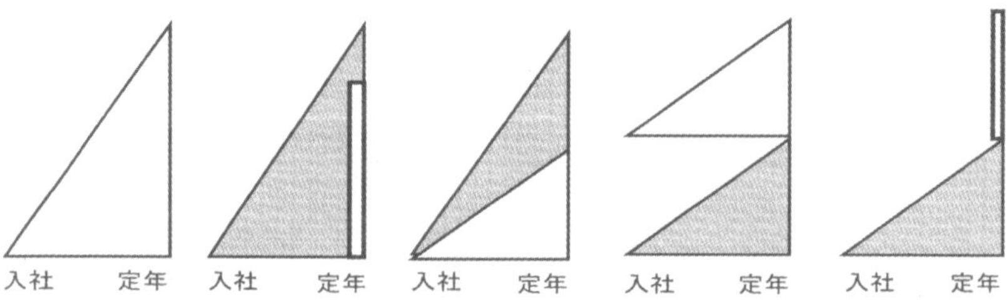


注：白い部分：年金制度　灰色部分：退職金（一時金）制度

支給している会社は、２つの制度があることになります。このような場合では、会社が退職金制度を変更しようと思っても、法律により一部制約されることもあります。

◆定年退職金の支給水準

次に重要なのは、定年退職金の最高支給額です。退職金の統計資料はいくつもありますが、多くの退職金制度コンサルティングを行って感じる金額より、統計資料は高めの数字になっているようです。実際に退職金制度のコンサルティングを行っていると、企業がイメージする中小企業の定年退職金の水準は、業種により若干異なりますが、おおむね800万円～1,500万円の範囲に収まります。

現在の退職金制度の最高支給額が会社にとって妥当な金額なのかは、退職金制度を改定するか否かの重要な判断材料です。

◆自己都合退職と定年退職の差

もう１つ退職金の見直しポイントとしてあげられるのは、会社都合と自己都合のかい離です（図表65）。

これまでの中小企業の退職金制度は、勤続年数が長くなると自己都合退職金と定年退職金が同額となる制度がほとんどです。また、勤続年数が比較的短いときから、会社都合と自己都合の差異があまりない制度になっている場合もあります。

退職金は賃金の後払いと考え、定年までの勤務に対するインセンティブを期待しないのであれば、現在の制度でよいかもしれません。しかし、このような制度を取り入れている会社にかぎって、退職金制度に長期勤続、それも定年までの勤務したことに対する報償を期待していることがあります。

【図表65　退職金制度見直しの必要性の判断ポイント】

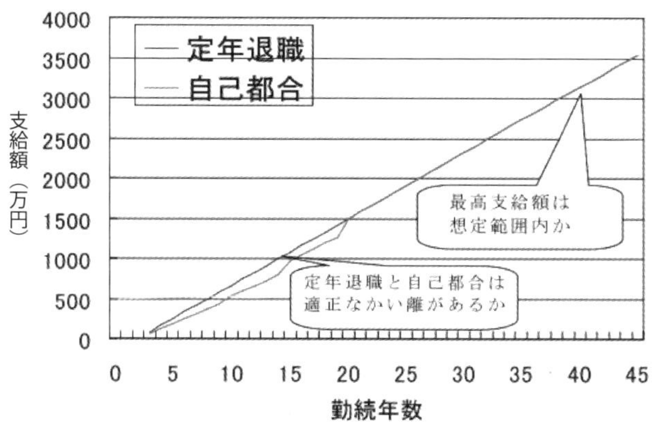

# Q42 退職金の変更はどうすればいい

**A**

① 会社の理想とする退職金制度と現制度とのギャップを把握します。

② 制度変更にともなう経過措置を検討します。

③ 従業員に説明し、了解を得てから、新制度をスタートします。

④ 退職金制度と資金準備の定期メンテナンスが欠かせません。

## ◆現状分析と理想の退職金制度を考えよう

退職金制度を変更するときは、まず現在の退職金制度（複数あるときは両方を合わせて）の分析が必要です。現状分析は、主に退職金規程で理論上計算される退職金と、現在職者の実態をあわせて分析します。

この現状分析の数字と、その会社が理想とする退職金制度を重ね合わせて、制度変更の方向性を決めていきます。

また、退職金制度だけを決めても、資金準備の手段を決めなければ片手落ちです。確定給付企業年金や確定拠出年金のように、資金準備と退職金制度が完全にリンクしている場合もあります。退職金制度の方向性を決めるときは、資金準備の方向性もあわせて検討する必要があります。

## ◆新制度移行のときの経過措置を考えよう

制度変更の方向性が決まったら、経過措置を考えます。経過措置の必要性は、制度変更が現在の制度より不利益変更になるかが大きなポイントです。

現在の退職金制度を維持したまま、金額だけを増額したり、支給係数を上昇させるのであれば、経過措置は不要です。しかし、退職金制度を変更するときに、単純に支給水準だけを上昇させる改定は少ないようです。制度全体としては不利益にならないとしても、一部の従業員やケースによっては不利益になる従業員が出てくる場合も経過措置が必要になります。

不利益になる従業員の範囲、不利益の程度などにより、経過措置の内容も異なってきます。

## ◆従業員に対して説明し、同意を得よう

退職金制度の変更は重大な労働条件の変更です。既得権や期待権を100％

【図表 66　退職金制度変更の手順】

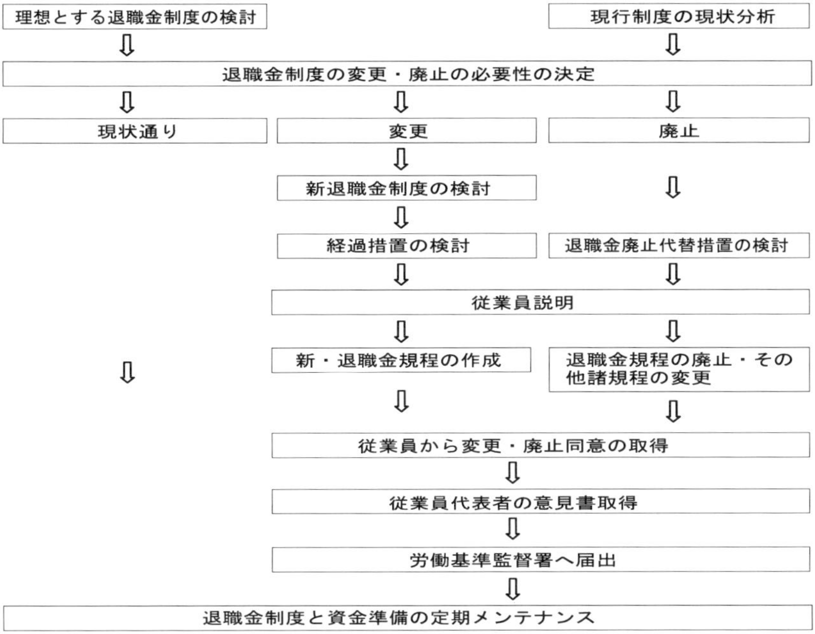


保護でき、不利益になる従業員がまったく存在しない場合を除き、基本的には全従業員の同意を得なければなりません。

しかし、大多数が同意しているにもかかわらず、一部の方だけがどうしても納得しない場合などは、例外として就業規則の変更により行うことができます。退職金規程も就業規則の一部ですから、やむを得ない場合は労働契約法にそって制度の変更を行います。

ただし、就業規則の変更による不利益変更は、Q38 で説明した７つの条件を満たしていないと認められない場合があります。やはり、制度を変更するときは、従業員にていねいに説明して、理解を得たほうが良さそうです。

### ◆労働基準監督署への届出と定期メンテナンス

常時使用する労働者が 10 名以上の事業所では、退職金規程を作成したら労働者代表の意見書を添えて、労働基準監督署へ届出をします。もちろん人数が少なくても、届出をすることは可能です。

労働基準監督署へ届出をしたら、制度変更はいったん完了になります。ただし、未来永劫何もしなくてよいわけではなく、新しい退職金制度とその資金準備の定期メンテナンスを行う必要があります。

# Q43 現状分析はどう進めていけばいい

**A**

① 現在支給が確定している退職金額を把握しましょう。

② 今後 15 年程度の定年退職者の退職金必要資金を計算しましょう。

③ 制度上最も高額となる場合の退職金額を把握しましょう。

④ 定年退職と自己都合退職の退職金額の差が適正かどうか確認しましょう。

---

◆現在の自己都合退職金の総額の計算

退職金制度が企業にとってどの位の負担になるかを把握するために、まずは現在の退職金総額を計算します。

方法は、①現在の在職者が、②現時点で全員自己都合に退職したときに、③退職金がいくらになるか、を一覧表にします。これを「退職金試算表」と呼び、一例を示すと図表 67 のようになります。

【図表 67 退職金試算表の例】　　単位：円

| 氏名 | 年齢 | 勤続年数 | 基本給 | 自己都合退職金 |
|---|---|---|---|---|
| A | 58 | 34 | 450,000 | 11,952,000 |
| B | 56 | 8 | 415,000 | 1,550,025 |
| C | 53 | 28 | 380,000 | 8,200,400 |
| D | 50 | 19 | 388,000 | 4,927,212 |
| E | 50 | 32 | 438,000 | 10,906,200 |
| F | 49 | 27 | 375,000 | 7,781,250 |
| G | 49 | 5 | 360,000 | 672,300 |
| H | 47 | 3 | 375,000 | 217,875 |
| I | 46 | 19 | 293,000 | 3,720,807 |
| J | 40 | 11 | 312,000 | 1,864,512 |
| K | 39 | 9 | 335,000 | 1,459,763 |
| L | 37 | 13 | 340,000 | 2,483,360 |
| M | 34 | 7 | 338,000 | 1,052,025 |
| N | 32 | 6 | 306,000 | 761,940 |
| O | 32 | 14 | 274,000 | 2,183,232 |
| P | 28 | 3 | 260,000 | 151,060 |
| Q | 28 | 9 | 288,000 | 1,254,960 |
| R | 25 | 6 | 251,000 | 624,990 |
| S | 23 | 1 | 248,000 | 0 |
| 計 | | | | 61, 763, 911 |

| 勤続年数 | 基本給推定 | 定年退職金見込額 | 年度ごと計 |
|---|---|---|---|
| 35 | 456,000 | 12,489,840 | 12,489,840 |
| 11 | 433,000 | 3,234,510 | 3,234,510 |
| 35 | 416,000 | 11,394,240 | 11,394,240 |
| 28 | 442,000 | 9,538,360 | |
| 42 | 492,000 | 16,334,400 | 25,872,760 |
| 38 | 435,000 | 12,997,800 | |
| 16 | 420,000 | 4,880,400 | 17,878,200 |
| 15 | 447,000 | 4,823,130 | 4,823,130 |
| 32 | 371,000 | 9,237,900 | 9,237,900 |

この自己都合退職金の合計額は退職給付債務会計における「簡便法の退職給付債務」にあたります。図表67の例ですと、自己都合退職金の合計61,763,911円となります。

この自己都合退職金は現時点で一斉に支払うことはありませんが、少なくとも将来支払うことが確実な退職金となります。

### ◆今後15年間の必要資金の計算

次に、現在の在職者が定年まで勤務したときの退職金額を算出します。この計算をするときは、基本給や役職の昇給、昇格を見込んで行います。

ただし、必ずしも全員が定年退職まで勤務するとは限りません。また、20年、30年先の費用負担を想定して資金繰りを考える企業は少ないでしょうから、現在45歳以上（企業規模が大きい場合は50歳以上）の方だけでよいでしょう。

45歳以上の方の定年退職金が一覧表にできたら、それぞれの定年退職日を年度ごとにまとめます。この表で今後15年間の定年退職金として支給する金額の総額がわかります。

企業は、①いつまでに、②いくら位のキャッシュを、準備しなければならないかを確認します。

図表67の例ですと、特に現在49歳、50歳の従業員が定年退職を迎えるときに、DからGまでの4名の定年退職者でおよそ43,750千円もの資金の準備が必要になり、この会社にとって重要なポイントになりそうです。

### ◆退職金の最高支給額

退職金の最高支給額を確認する上で大切なポイントは、高年齢層にプロパーの従業員がいるか否かです。退職金試算表の45歳以上の方にプロパーの従業員が含まれていなければ、プロパーの従業員でもっとも昇給、昇格が見込まれる方が定年退職まで勤務したときの理論上の退職金額も計算します。

退職金試算表の定年退職金見込額の最高額と理論上の退職金額のいずれか高い額が、その企業の一人の従業員に支給する退職金の最高額と考えられます。先ほどの例ですと、Eの従業員の1,600万円強がこの退職金制度の現在の最高額となります。

ここで確認するポイントは、①退職金の勤続年数ごとの支給率が青天井に上昇していないか、②退職金の支給水準が想定の範囲内か、の2点です。

勤続年数は、入社から定年退職の日までとすることが多いですが、ここ数年の定年延長の流れから勤続年数が以前より延びていることがあります。勤続年数に応じて青天井の支給率としていると想定外に多額の退職金となることがあります。

また、計算の基礎となる給与が上昇していることにより、退職金の水準も上がっていることも考えられます。基本給連動型の退職金制度としている企業は要注意です。

**◆定年退職と中途退職の支給水準**

最後に定年退職と自己都合などの中途退職との乖離を見ます。中小企業の退職金制度では、勤続20年程度で定年退職と中途退職の支給係数を同じにしている場合もあります。勤続20年といえば新卒入社ならば40歳前後、勤続30年で支給係数を同じにする制度にしていたとしてもまだ50歳前後です。

この年齢で自己都合退職をしたときに定年退職と同じ支給率というのは、長期勤続を奨励するための退職金制度という趣旨からしても少し早過ぎるように感じます。

定年退職と中途退職の支給額に適正な乖離があるように、支給率を見直す必要があります。

**【図表68　退職金制度の現状分析のポイント】**

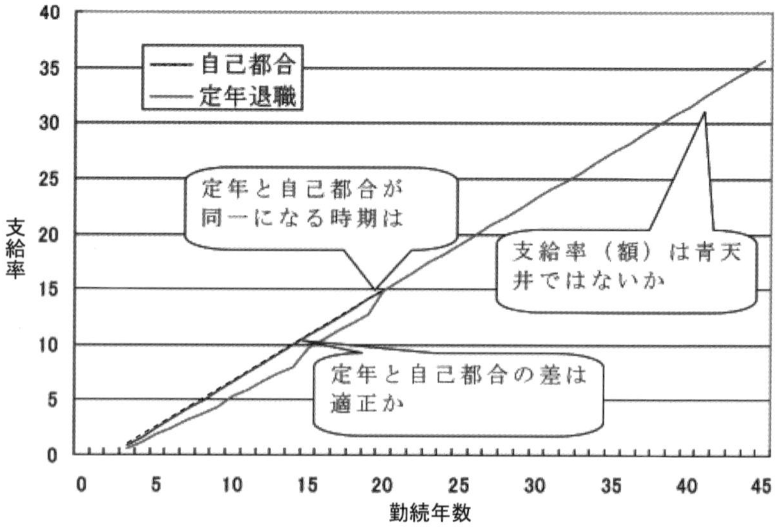

# Q44 現行制度と新制度の比較をすると

A ① 定年退職金は、最高支給額で新旧制度の比較を行います。
② 自己都合の退職金は定年退職金ほど優先する課題ではありません。
③ 自己都合退職金を調整する場合は、退職理由係数で行います。

◆新旧退職金の支給水準の比較をしよう

新制度の方向性が見えてきたら、新旧の支給水準の比較を行います。

退職金制度の変更は、現在の基本給連動型退職金制度を維持したまま支給率や支給係数を見直したり、制度全体を変更してポイント制退職金にするなど、さまざまなケースが考えられます。

現行制度と新制度との比較作業は、完全な制度の変更であっても、制度は維持したままマイナーチェンジをするだけであっても考え方は一緒です。

今回は、制度そのものを基本給連動型退職金制度からポイント制退職金制度に変更した場合の検討方法を説明します。

◆定年退職金の比較

新旧制度の比較は、退職金制度でもっとも重要な定年退職金の支給水準の比較から行います。比較する対象は、優秀昇格モデルと標準昇格モデルの2通りでよいでしょう。現行制度の会社都合と新制度の定年支給額をグラフにしたものの例は次の図表69のとおりです。

【図表69 現行制度・会社都合と新制度・定年退職の支給額の比較例】

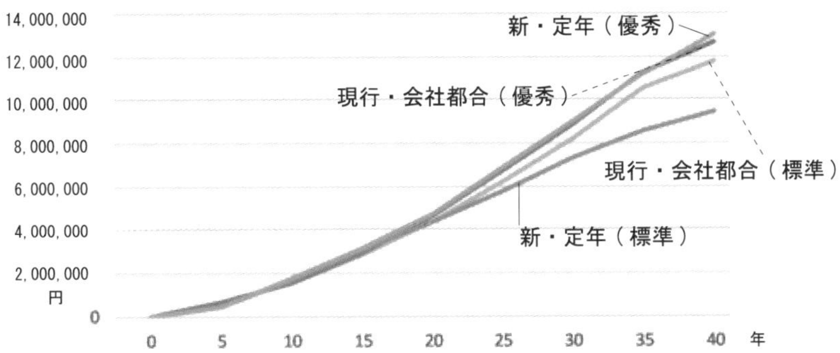

会社都合や定年退職の支給額は、プロパー従業員の定年退職に主眼を置いていますので、見るべきポイントは、勤続年数の途中よりも最長勤続年数の支給額になります。

図表64の場合では、優秀モデルは現在よりも若干高い支給額になっています。しかし、成果主義の度合いが現行退職金制度より強くなったため、標準モデルでは、現行退職金制度より少なくなります。

この金額で調整が必要な場合は、制度設計に修正を加えます。

### ◆自己都合退職の支給額の比較

次に、現行制度の自己都合と新制度の中途退職の支給水準を比べます。

**【図表70　現行・自己都合退職と新・中途退職の比較例】**

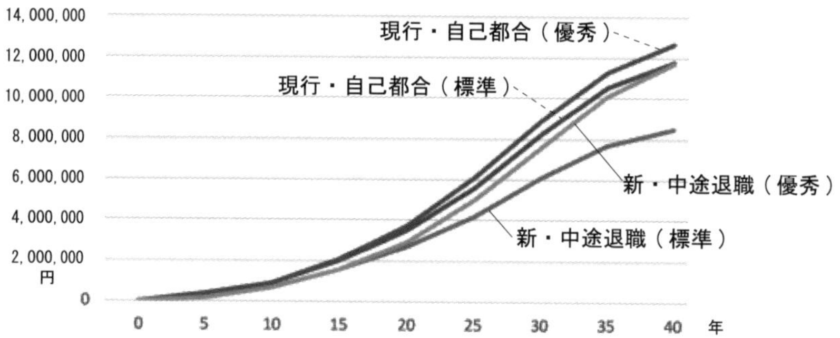


定年退職とは違い、優秀モデルと標準モデルの両者とも、現行制度より支給額が抑制されています。自己都合での退職者のために退職金制度を設けている会社はあまりなく、退職金制度の変更で優先すべきは定年退職金の支給水準です。自己都合退職金の水準が定年退職金に比べて引き下げ対象になるのはやむを得ないでしょう。

また、グラフを見るとずいぶん支給額が下がっているように感じますが、今回の設計例では、これまで勤続30年以上は会社都合退職金と同額になっていたものを、勤続年数がどんなに長くなっても最大90%の支給に抑えるように変更しています。一般的に自己都合退職が多い勤続20年までを見ると、支給額は抑えているとはいえ、それほど現行制度とは変わりません。

この程度の差であれば、経過措置を工夫しておけば、従業員の同意を得るのも困難ではありません。

もう少し、自己都合退職金を支給してもよいと考えるのであれば、退職理由係数を上昇させ、支給額を調整します。

# Q45 経過措置を考えよう

**A** ① 経過措置には、新旧制度を併用する方法と、制度変更時の金額を保証する方法があります。

② 不利益の内容や程度に応じて、制度変更に見合った経過措置が必要です。

### ◆経過措置の方法は

退職金制度の変更を行う際は、全員に一切の不利益がないことはまれです。制度変更は会社が一方的に行えるものはなく、退職金の変更が今後の従業員の士気に悪影響を及ぼしては何にもなりません。また、退職金が減額になることによる「駆け込み退職」を防止するためにも、不利益が想定される箇所に何らかの経過措置を設けたほうがよいでしょう。

経過措置の内容は、制度変更によってもたらされる不利益の程度や範囲によって異なります。代表的な方法は、①数年間にわたって退職金制度を併用する方法、②制度変更時の退職金額を保証する方法、の2通りがあります。定年と自己都合で両者の制度をそれぞれ取り入れることも可能です。いずれにせよ、その経過措置の適用範囲や期間など、自社の制度変更にふさわしい形に修正することが大切です。

### ◆当面、新旧の制度を併用する方法とは

不利益変更を一切起こさないためには、現在職者には現行制度を適用し、今後入社する従業員に対しては新制度を適用することが考えられます。しかし、最近入社した新卒がいるような場合では、数十年にわたり2制度を併用することになりますので現実的ではありません。そのため、3年や5年など期間を区切って併用することが多くなっています。

例えば、「3年間は新制度と旧制度の両方で退職金を計算し、いずれか高い金額を支給する」といった経過措置がこれにあたります。

今後数年以内に定年退職を迎える従業員などは、現行制度による退職金を前提に定年後の生活設計をしている場合もあるので、これらの定年退職者を保護するためにも有用です。

また、制度変更時に突然退職金が減額されることを避けられるので、制度変更をソフトランディングできます。

会社によっては、定年退職者に限ってだけこの経過措置を導入したり、あるいは定年と自己都合で経過措置の対象となる期間を変える場合もあります。

なお、退職金制度と賃金制度の変更を同時期にあわせて行う会社など、基本給の水準が制度変更前後で変動するようなときは、単純に数年間新旧制度で計算するだけでは足りないこともあります。このような場合は、旧制度での計算は、「制度変更直前の基本給」を用いるなどの特約をつける必要があります。

【図表 71　新旧の制度を併用する方法】

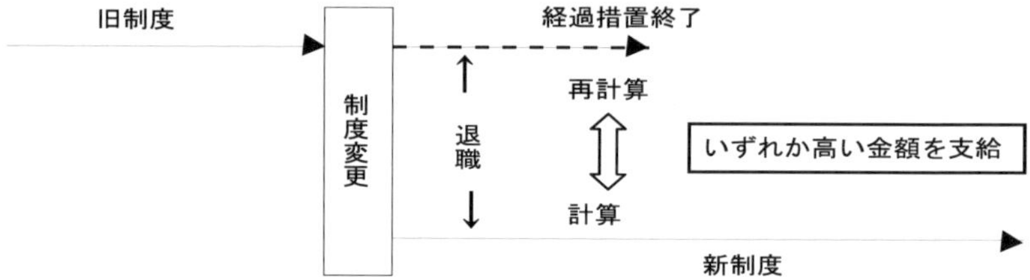


## ◆制度変更時の金額を保証する方法とは

従業員の「既得権」だけを最低限、保護するために、制度変更時の金額を保証する方法もあります。なお、金額ではなく、制度変更時の支給率や退職理由係数を保証する方法もありますが、考え方はほぼ一緒です。

この方法は、制度変更の前日で各人が退職したものとして、それぞれ「会社都合」と「自己都合」の退職金（保証額）を記録しておきます。

実際に従業員が退職するときには、新制度でのみ退職金を計算します。この金額と先ほどの退職理由に応じた保証額を比較し、保証額を下回っていれば、保証額を支給するものです。

保証する期間は、３年や５年など限定することもできます。また、勤続年数が長くなれば自然に新制度の支給額が保証額を上回るケースが多いので、期間を限定しないで自然消滅を待つ場合もあります。

【図表 72　新旧の制度を併用する方法】

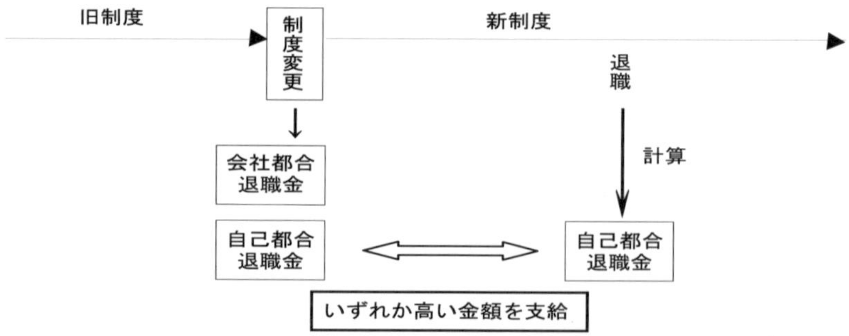

# Q46 基本給連動型からポイント制へ移すときは

**A** ① 現行の会社都合退職金から制度変更時の退職金ポイントを算出します。
② 制度変更後のポイントを加算していき、退職時のポイントにみなします。

### ◆制度変更時のポイントの算出方法は

基本給連動型退職金制度からポイント制退職金へ変更するときは、「既得権」を保証するために、制度変更時の退職金額をポイント換算します。

この時点では、将来その従業員が定年退職するか、自己都合退職をするかはわかりませんが、ポイント制退職金でも退職理由係数を乗じますので、会社都合の退職金額を換算すればよいでしょう。

換算の方法は、次のとおりです。

| 制度変更時のポイント合計＝制度変更前日の基本給 × 勤続年数に応じた支給率 ÷ ポイント単価 |
|---|

### ◆退職するときの退職金ポイントは

制度変更後は、制度変更時に換算したポイント数に新制度による退職金ポイントを累計していきます。制度変更による不利益は、Q45 の経過措置を設けることによりカバーします。

【図表 73　基本給連動型からポイント制退職金への移行】

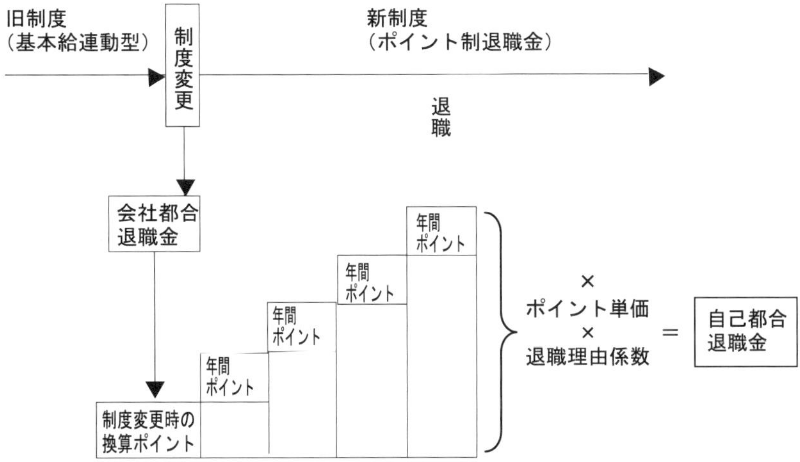

# Q47 退職給付引当金とは

**A** ① 退職給付引当金は、年度末に全員に退職金を支払ったと仮定した場合の負債総額です。
② 中小企業でも退職給付引当金の計上が求められる状況になってきました。
③ 引当金の分割計上をするためにも、退職金規程は整備しておかなければなりません。

**◆退職給与引当金の廃止と退職給付引当金の導入**

退職給付引当金は、税務上は損金算入をしないが、会社の負債である退職金を貸借対照表に計上し、決算時の財務状況を明確にしようとする会計上の処理です。退職給付引当金の算出方法には、「原則法」と中小企業で認められている「簡便法」があります。

原則法は、将来の給与の昇給や退職する確率を見込み、さらに期末までの割引計算をして求める複雑な計算なので、実際に自社で行うのは困難です。

簡便法は、期末の自己都合要支給額の合計で求めるので、自社でも行うことができ、中小企業では簡便法により計算することがほとんどです。

計算方法は、期末でそれぞれの従業員が自己都合により退職したと仮定して退職金を算出し、全員分を合計した総額が退職給付引当金になります。

**◆退職給付引当金の計上が必要か**

過去には退職「給与」引当金を損金として計上していましたが、平成14年度税制改正により廃止され、かわって導入されたのが、退職「給付」引当金です。しかし、中小企業では図表74のような理由でほとんど適用していませんでした。

**【図表74　退職給付会計を適用しない理由】**

・退職給付会計自体が中小企業に強制適用ではない
　→費用が発生し、債務が大きくなる。決算書の数字が悪くなる。
・法人税法上損金として認められない
　→税負担が変わらないのであえて計上するメリットがない。
・退職金規程が整備されていない
　→将来支払うべき債務が不確定なので適用できない。

【図表 75 「中小企業の会計に関する指針」（抜粋）】

52. 退職給付制度
　就業規則等の定めに基づく退職一時金、厚生年金基金及び確定給付企業年金の退職給付制度を採用している会社にあっては、従業員との関係で法的義務を負っていることになるため、第53項又は第54項による引当金の計上が必要となる。

56. 退職金規程がなく、退職金等の支払に関する合意も存在しない場合
　退職金規程がなくかつ退職金等の支払に関する合意も存在しない場合には、退職給付債務を計上することはできない。
　ただし、退職金の支給実績があり、将来においても支給する見込みが高く、かつ、その金額が合理的に見積ることができる場合には、重要性がない場合を除き、退職給付引当金を計上する必要がある。

57. 退職金規程があるが退職給付引当金を計上していない場合、一時に処理することは、財政状態及び経営成績に大きな影響を与える可能性が高い。
　そのため、本指針適用に伴い新たな会計処理の採用により生じる影響額（適用時差異）は、通常の会計処理とは区分して、本指針適用後、10年以内の一定の年数又は従業員の平均残存勤務年数のいずれか短い年数にわたり定額法により費用処理することができる。この場合には未償却の適用時差異の金額を注記する。

ところが、日本税理士連合会など4団体による「中小企業の会計に関する指針」（図表75）により、退職給付が債務であるとの認識が強まったため、最近では、決算書に退職給付引当金を計上していないと取引金融機関より見積額の開示を求められることもあるようです。

そのため、決算上はまだ計上していない会社であっても、最低限、退職給付引当金額を把握しておかなければなりません。

### ◆退職給付引当金の分割計上とは

これまで退職給付引当金を計上していない会社が、一度に全額を計上すると、債務超過に陥るなど財政状態や経営成績に大きな影響を及ぼすことになります。そのため、退職金規程があり退職給付引当金を計上していない会社が新たに退職給付引当金を適用するときは、最長10年に分割して費用処理することが可能です。

やはり、会計上から見ても、退職金規程を整備しておくことは必須であるといえるでしょう。

# Q48 退職金の資金準備が必要なのはなぜ

**A** ① 退職金制度と資金準備は表裏一体です。現在支給が確定している退職金額を把握しましょう。

② 年度ごとの定年退職者の退職金総額を把握し､資金準備を始めましょう。

**◆退職給付債務を計上していても現金はない？**

中小企業では、退職金制度でどの程度の資金が必要なのかを把握していないことも少なくありません。また、決算書上は退職給付債務を計上していたとしても、これは会計上の数字であり、かならずしも現金が残っているわけではありません。

団塊の世代の退職ラッシュはひと段落しましたが、それでも退職者がいっときに集中すると多額の資金が必要となります。いくら立派な退職金制度をつくっても、いざ支払いのときにキャッシュがなければ何の意味もありません。そればかりか、退職金は賃金の一部として保護されていますので、会社はどんなことをしても、それこそ倒産の危機に瀕したとしても従業員に支払う義務があります。

退職金制度と資金準備は表裏一体です。退職金制度を作る以上はかならず考えておかなければならないのです。

**◆現在の自己都合退職金の総額の計算**

それでは、退職金制度がいったいどのくらいの負担になっているのかを知るために、まずは現在の退職金総額を計算してみましょう。

方法は、①現在の在職者が、②現時点で全員自己都合に退職したときに、③退職金がいくらになるか、を一覧表にします。

この数字の合計額は退職給付債務会計における簡便法の退職給付債務にあたります。

図表 76 の例ですと、自己都合退職金の合計 61,763,911 円となります。

この自己都合退職金は現時点で一斉に支払うことはありませんので、現時点で資金の手当がされていなくてもかまいません。しかし、少なくとも将来支払うことが確実な金額ですので、会社の隠れた債務であることを理解し、金額を把握しておきましょう。

【図表 76　必要資金】

退職金試算表（基本給連動型）

| 現在 | | | | | 定年時 | | | |
|---|---|---|---|---|---|---|---|---|
| 氏名 | 年齢 | 勤続年数 | 基本給 | 自己都合退職金 | 勤続年数 | 基本給推定 | 定年退職金見込額 | 年度ごと計 |
| A | 58 | 34 | 450,000 | 11,952,000 | 35 | 456,000 | 12,489,840 | 12,489,840 |
| B | 56 | 8 | 415,000 | 1,550,025 | 11 | 433,000 | 3,234,510 | 3,234,510 |
| C | 53 | 28 | 380,000 | 8,200,400 | 35 | 416,000 | 11,394,240 | 11,394,240 |
| D | 50 | 19 | 388,000 | 4,927,212 | 28 | 442,000 | 9,538,360 | |
| E | 50 | 32 | 438,000 | 10,906,200 | 42 | 492,000 | 16,334,400 | 25,872,760 |
| F | 49 | 27 | 375,000 | 7,781,250 | 38 | 435,000 | 12,997,800 | |
| G | 49 | 5 | 360,000 | 672,300 | 16 | 420,000 | 4,880,400 | 17,878,200 |
| H | 47 | 3 | 375,000 | 217,875 | 15 | 447,000 | 4,823,130 | 4,823,130 |
| I | 46 | 19 | 293,000 | 3,720,807 | 32 | 371,000 | 9,237,900 | 9,237,900 |
| J | 40 | 11 | 312,000 | 1,864,512 | | | | |
| K | 39 | 9 | 335,000 | 1,459,763 | | | | |
| L | 37 | 13 | 340,000 | 2,483,360 | | | | |
| M | 34 | 7 | 338,000 | 1,052,025 | | | | |
| N | 32 | 6 | 306,000 | 761,940 | | | | |
| O | 32 | 14 | 274,000 | 2,183,232 | | | | |
| P | 28 | 3 | 260,000 | 151,060 | | | | |
| Q | 28 | 9 | 288,000 | 1,254,960 | | | | |
| R | 25 | 6 | 251,000 | 624,990 | | | | |
| S | 23 | 1 | 248,000 | 0 | | | | |
| 計 | | | | 61,763,911 | | | | |

### ◆今後 15 年間の必要資金の計算

次に、現在の在職者がこのまま定年まで勤務したときの退職金額を算出します。この計算をするときは、基本給や役職の昇給、昇格を見込んで行います。ただし、かならずしも全員が定年退職まで勤務するとは限りません。また、20 年、30 年先の費用負担を想定して資金繰りを考える企業は少ないでしょうから、現在 45 歳以上（企業規模が大きい場合は 50 歳以上）の方だけでよいでしょう。

45 歳以上の方の定年退職金が一覧表にできたら、それぞれの定年退職日を年度ごとにまとめます。この表で今後 15 年間の定年退職金として支給する金額の総額がわかります。企業は、①いつまでに、②いくら位のキャッシュを、準備しなければならないかを確認します。

図表 76 の例ですと、特に現在 49 歳、50 歳の従業員が定年退職を迎えるときに、D から G までの 4 名の定年退職者でおよそ 43,750 千円もの資金の準備が必要なことがわかります。

この金額は対象となる従業員が定年まで在職すれば、かならずその年度に現金が必要になります。この程度なら大丈夫という会社であれば構いませんが、そうでないのであれば何らかの手段を講じておくことが大切です。

# Q49 退職金の資金準備の方法は

**A** ① 資金準備が退職金制度と一体となっている方法と、制度とは別に資金準備だけをする方法があります。

② 年金制度は、ほとんどの場合、制度と資金準備がセットです。

③ 資金準備だけをする場合は、さらに外部機関に拠出する方法と社内で準備する方法に分けられます。

---

### ◆退職金制度と資金準備の関係

ひとくちに退職金の資金準備といっても、退職金制度と一体になっているものと、そうではないものがあります。

中には、一体としても活用できるし、制度設計の方法によっては制度とは別の資金準備としてだけ活用できる方法もあり、なんだかわかりづらい印象をもたれます。

【図表 77 退職金の資金準備の方法】

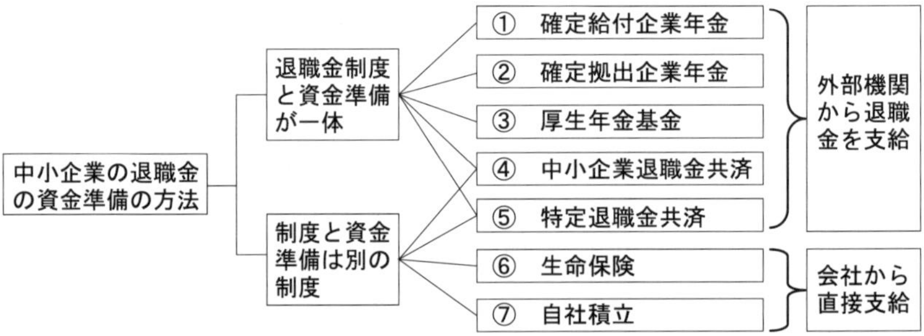


### ◆退職金制度と一体になっている制度とは

確定給付企業年金制度や確定拠出年金制度のように、資金準備をすることがイコール退職金制度として成り立つものをさします。

また、これらの制度は「～年金制度」の文字通り、退職金を年金で支給できます。退職金に年金の役割を求めるのであれば、制度の導入が必須です。

これらの制度は、会社が将来の退職金制度の支給額に見合う金額を毎月外部機関へ支出し、退職時には外部機関から直接退職金を受け取ります。外部機関に任せることにより、①資産が保護されており安心なこと、②毎月支出するときに費用計上ができるため費用の平準化がはかれるなど、従業員と会社の双方にメリットがあります。

ただし、従業員に将来支給することを約束した大切な金額を外部機関に委ねるのですから厳重な運営・管理が求められ、制度設計上も含めて法律でさまざまな制約を受けていることが一般的です。また、制度を維持していく上でのランニングコストも高めになります。

外部機関で支給された金額を、会社の退職金制度から差し引いて差額を会社で支給することも理論上できなくはないですが、とてもわかりづらい制度となるので、中小企業にはおすすめできません。

### ◆資金準備として活用する制度

退職金は会社独自の規程で支給額を決定し、その資金を外部に積み立てていく方法です。

この中には、中退共（中小企業退職金共済）や特退共（特定退職金共済）のように将来退職金を外部機関が直接支給する制度と、銀行預金のように退職時に会社が資金を受け取り、改めて従業員へ支給する制度があります。

会社が資金を受け取る方法は、単なる資金運用の手段をイメージしていただければわかりやすいと思います。通常自社で行っている資産運用の中だと退職金としての区分がなく、いざ退職金を支給するというときに資金がないということも起きかねません。

そのため、生命保険等を利用して退職金の準備のための資金を明確にわけておくのです。また、使用する手段によっては資金の支出時に一部分の費用計上ができることも会社のメリットです。

### ◆外部機関を資金準備として活用する制度

中退共や特退共のように外部機関が直接支給する制度を利用する場合は、退職金制度と一体にして資金準備を行うことも可能ですが、やはり外部機関に大切なお金を任せるので法律に則った制度上の制約があります。

そのため、これらの制度を利用している会社の多くが、会社で定めた退職金制度で退職金を計算し、外部機関から支給された分を差し引いて差額を会社から支給しているようです。

独立行政法人や商工会議所などが運営しているこれらの制度では、資産の保護が徹底され従業員には安心なこと、会社も毎月費用計上ができるため平準化できること、制度がシンプルなためランニングコストがほとんどないことなどメリットが大きく、中小企業ではもっともよく使われている制度です。

# Q50 確定給付企業年金ってどういう年金のこと

**A** ① 将来の退職金額があらかじめ定められている制度です。

② 基金型と規約型の２種類ありますが、中小企業では規約型が一般的です。

③ 受給権が保護される反面、企業の財務負担が大きくなることがあります。

……………………………………………………………………………………

### ◆確定給付企業年金とは

確定給付企業年金は、あらかじめ退職金規程で定められた退職金支給額に必要な資金を会社が毎月、外部機関に拠出する制度です。従業員が退職したときは、退職金規程で定められた金額が外部機関から直接支給されます。

従業員は受け取れる給付額が確定しているため、将来計画が立てやすい利点がある上、従業員の受給権を保護するため、受給権の付与や最低積立基準等の規制が設けられています。

反面、運用環境が低迷した場合に、積立不足の問題につながりやすいデメリットもあります。受給権が保護されていますので、基準に達しない場合は掛金の引き上げもしくは追加拠出などの積立不足への対処が要求されますので、企業の財務負担は大きくなることがあります。

### ◆基金型の確定給付企業年金制度とは

確定給付企業年金制度には２種類あります。基金型は、厚生年金基金の厚生年金保険報酬比例部分を代行返上した制度です。

この制度を行うには、加入者数が300名以上いることが見込まれることが要件です。厚生年金基金同様、企業が従業員の同意を得て規約を作成し、企業年金基金の設立を厚生労働大臣の「認可」を得て実施します。

企業が新たに外部に企業年金基金を設けることは、大企業でなければなかなか難しいため、中小企業の利用はほとんどありません。

### ◆規約型の確定給付企業年金制度

規約型は、企業が従業員の同意を得て規約を作成し、厚生労働大臣の「承認」を受けて実施します。制度の運営主体は企業で、企業は信託会社や生命保険会社などと契約を結び、外部機関で年金資産を運用、管理します。

【図表 78　確定給付企業年金（基本型）の契約形態】

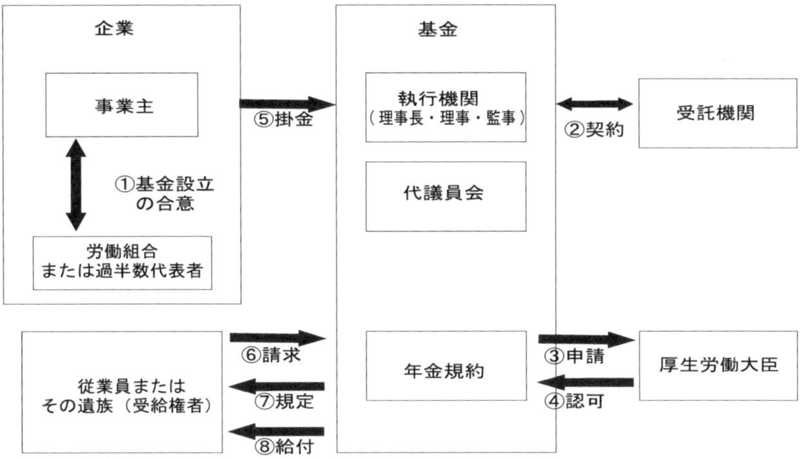


【図表 79　確定給付企業年金（契約型）の契約形態】

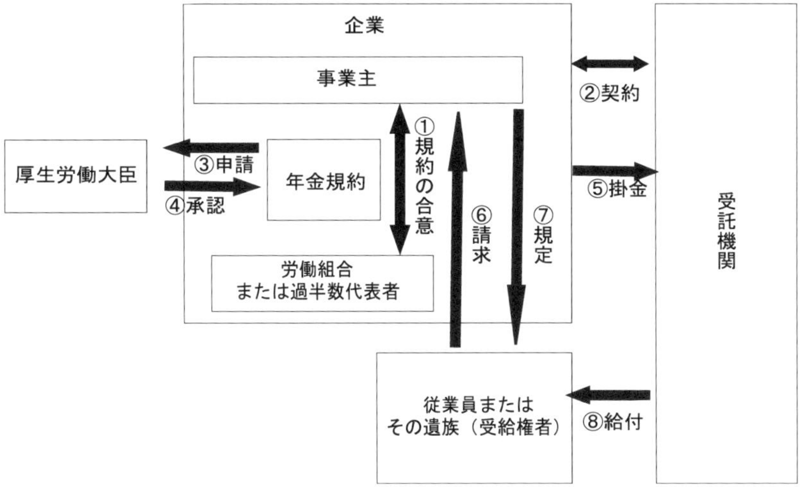


この制度はあらかじめ従業員に対する給付水準が規約で定められています。給付水準が決まっていて、資産の運用責任は企業が負いますので、積立不足が生じた場合には企業が穴埋めしなければなりません。

退職する従業員に対する給付は、柔軟な制度設計ができますので、定年時の年金給付や中途退職時の一時金の支給が可能です。

加入者数の要件は法律上では定められていませんが、おおむね加入者数が 50 名以上でないと、引受先となる信託会社や生命保険会社が見つからないようです。

# Q51 キャッシュバランスプランって何

**A** ① 確定給付型と確定拠出型の両方の特徴を持っています。
② 将来の給付額は確定していませんが、一定の範囲内の給付水準は確保されています。
③ 企業は積立不足などの財務上のリスクが軽減されます。

**◆キャッシュバランスプランとは**

最近では、確定給付企業年金制度の中でもキャッシュバランスプランを採用する企業も出始めました。キャッシュバランスプランとは、ハイブリッド型とも呼ばれ、確定給付型と確定拠出型の両方の特徴を持つ制度です。

確定給付型企業年金は将来の給付水準が確定しており、企業が拠出する掛け金は将来の給付を予定利率で割り引いて決定しています。

このため、予定利率以下の運用結果にしかならなければ積立不足が生じます。

キャッシュバランスプランは、この予定利率に国債の利回りなど市場の運用環境に連動する利回りを使用します。これを指標金利といいます。予定利率が社会・経済情勢に合わせて変化するので、運用環境の悪化による積立不足が生じにくくなります。

退職者への給付は、企業が拠出した個人ごとの積立額（持分付与額）と指標金利の実績値により変動する利息付与額の累計で決定されます。したがって、指標金利の動向により、従業員ごとの給付水準が異なります。ただし、法律により利率はゼロを下回ることはないので、一定水準の給付額は保証されていることになります。

**【図表80 確定給付企業年金とキャッシュバランスプランの違い】**

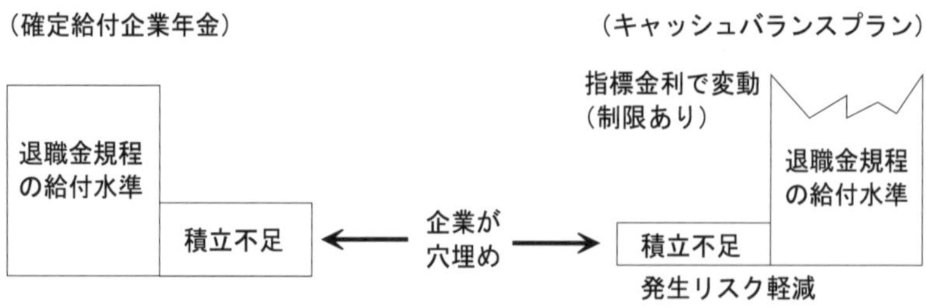

# Q52 確定拠出年金ってどういう年金のこと

**A** ①　毎月会社が従業員ごとに管理されている口座に対して一定額の拠出を行い、資産の運用責任は従業員が負います。

②　給付額は運用結果によりますので、従業員ごとに異なります。

③　拠出後は懲戒解雇でも返還させられなかったり、投資教育を行う必要があるなど、制度上のデメリットもあります。

---

### ◆確定拠出年金制度とは

確定拠出年金制度には、企業型と個人型の２つのタイプがありますが、退職金制度に用いられるのは、企業が拠出する企業型年金になります（本書では特に断りがない限り、企業型年金を確定拠出年金と呼びます）。

確定拠出年金は労使の合意に基づき規約を定め、厚生労働大臣の「承認」を受けて実施します。複数の企業で１つの規約を定めることもできるので、グループ企業などで共通の制度を行うことも可能です。

確定拠出年金制度は、企業が掛金を「資産管理機関」に拠出します。従業員はその個人別の資産の運用を「運営管理機関」に指図し、運営管理機関がそれをとりまとめ、資産管理機関に運用指図を行います。

企業は毎月拠出する責任だけを負い、将来の給付水準は従業員の運用指図次第で決まります。したがって、運用責任は従業員が負っています。

この制度は退職金というよりも、年金制度の補完制度です。そのため、原則として60歳まで給付されません。たとえ中途退職をしても、60歳になるのを待ってからようやく年金給付を受ける権利が発生します。

確定拠出年金制度も加入者の人数要件は特にありません。ほかの企業と同じ規約で行う「総合型」であれば、加入者数20名程度から引き受けてくれる金融機関があるようです。

### ◆確定拠出年金のメリット・デメリット

確定拠出年金制度の最大のメリットは、運用リスクを従業員が負うことになるため、企業は追加負担を考えないで済むことにあります。従業員は運用成績が良ければ、将来標準以上の給付を受けることができます。しかし、従業員すべてが運用に対する知識や興味があるとは限らず、従業員への投資教

【図表 81　確定拠出年金（企業型年金）の契約形態】

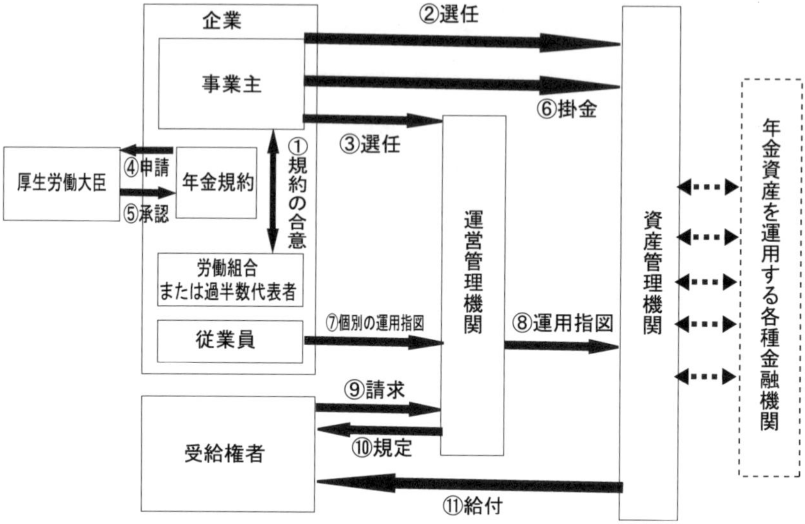


育を継続的に行うことは実施企業にとって負担となっているようです。

企業によってはせっかく制度を導入したものの、従業員のほぼ全員が一番手堅い商品に投資を行ってしまい、何のための制度導入だったかわからないケースもあるようです。

この制度の特徴は、60 歳以上への方への年金給付が原則となっていることにあります。従業員が 60 歳前に退職したとしてもそのときに退職一時金は受けられません。

従業員が転職した場合に転職先が確定拠出企業年金制度を導入していれば、これまでの資産をそのまま持ち運び（ポータビリティ）、引き続き資産を増やしていくことが可能です。

しかし、転職先がこの制度を実施していなければ個人型の確定拠出企業年金に移管され、みずからが追加で掛金を拠出しなければなりません。もし、拠出することを望まない場合は、年金給付が受けられる 60 歳までこれまでの資産の運用指図だけを行います。

また、確定拠出年金は従業員ごとの口座に対して一定の基準に基づいた拠出を毎月行い、拠出後はたとえ懲戒解雇であっても会社は返還を求めることができません。返還されるのは勤続年数が３年未満での退職の場合などに限られます。そのため、定年や中途退職などの退職理由によって退職金に差をつけたい場合は、この制度だけで退職金制度を行うことは困難です。

# Q53 選択制確定拠出年金って何

**A** ① 確定拠出年金への拠出と前払退職金での受け取りを従業員個々の選択に任せる制度です。

② 最近では、税務上や社会保険上のメリットを活かすために新規に退職金制度を導入する場合に利用されています。

◆選択制確定拠出年金とは

選択制確定拠出年金とは、会社が確定拠出年金制度を導入したうえで、確定拠出年金へ加入するか、あるいは加入せずに前払退職金で受け取るかを本人の選択に委ねる制度です。

確定拠出年金制度は、中途で退職しても60歳になるまで退職金を受け取れない欠点があります。そのため、従業員の中には確定拠出年金に会社が拠出するのであれば、給与で毎月受け取ったほうがよいと考える場合もあります。これは各人のライフスタイルによって考え方も異なりますので、「会社が強制するのではなく、本人に任せてしまおう」という制度です。

選択制退職金は、新たに退職金制度を始める企業が確定拠出年金制度を導入し、その分の給与や賞与を減額する場合に利用されることが多いようです。これは、給与や賞与を確定拠出年金制度に振ることにより、税務上や社会保険料の対象外となるメリットが従業員と会社の双方にあるからです。ただし、確定拠出年金制度に加入した従業員は、後から前払制度に変更することはできません。（逆の場合は規約に定めておけば可能です）

そのため、選択制を導入するのであれば、現在在職している従業員だけではなく、今後入社する従業員に対してもそれぞれの方法のメリット、デメリットをきちんと説明しなければなりません。

【図表82　給与から選択制退職金制度に変更する場合のイメージ】

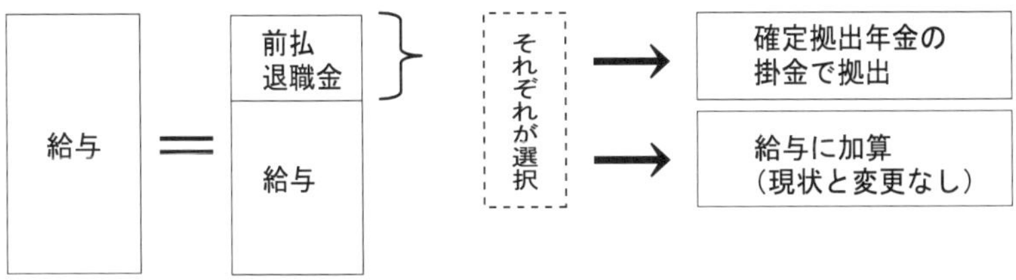

# Q54 厚生年金基金ってどういう年金のこと

**A** ① 厚生年金基金の給付は、厚生年金の一部を国に代わって支給する「代行部分」と、独自の給付である上乗せの「加算年金」があります。

② 加算年金部分は、福利厚生とする会社と退職金とみなす会社があります。

③ 厚生年金基金を利用している中小企業は「総合型」がほとんどです。

---

◆**厚生年金基金とは**

厚生年金基金は、原則として1,000人以上の被保険者を使用する企業が設立している制度です。当初は国が行う厚生年金保険報酬比例部分の制度運営を代行（代行部分）し、さらに上乗せの給付（プラスアルファ部分）を行う制度でしたが、現在はこの代行部分を国に返上することもできます。

プラスアルファ部分の給付水準は、代行部分の1割以上であることが要件となっていて、やむを得ず給付水準を引き下げる場合でもこの基準は守らなければなりません。企業が設立していますので、基金の運用責任はその基金に加入している企業ですべて負うことになります。

この厚生年金基金は、福利厚生の手段として利用している会社と、上乗せ部分（加算年金）を退職金とみなしている会社があります。また、退職金とみなす会社でも、退職金規程との関係が会社ごとに異なります。

【図表83 厚生年金基金（上乗せ給付）の位置づけ】

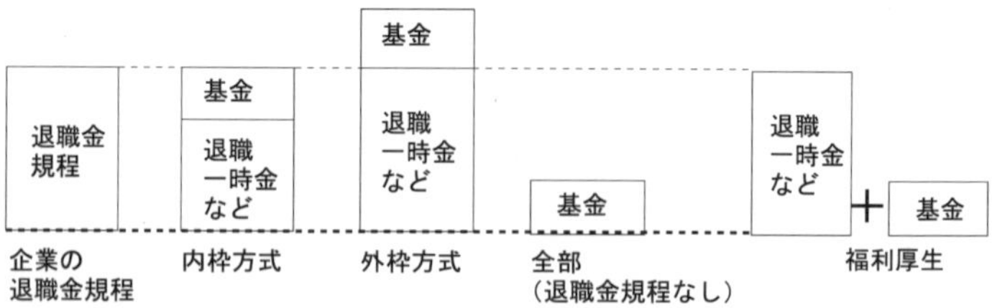


◆**厚生年金基金の種類は**

厚生年金基金には、1つの会社が単独で設立して運営する単独型、主力企業を中心にグループ企業等が集まり共同で設立して運営する連合型など、中堅・大手企業が組織しているものもありますが、大部分は同種・同業の会社が集まって（加入者合計5,000人以上）共同で基金を設立して運営する総合型です。中小企業のほとんどは「総合型」に加入しています。

### ◆厚生年金基金の掛け金は

厚生年金保険料は、標準報酬月額に保険料率18.182％（平成29年1月現在）を乗じた額を会社と従業員が折半で負担します。厚生年金基金に加入していると、基金が代行している部分の免除保険料率（2.4％～5.0％の範囲内で基金ごとに定められた率）分は基金に納められ、国に納付する厚生年金保険料はその分が減額される仕組みになっています。

なお､基金が独自に上乗せする加算年金部分に対する掛け金（増加掛け金）も基金によって異なりますが、一般的には事務費等もあわせて標準報酬月額の2.0～2.5％程度の基金が多いようです。この増加掛け金は、全額事業主の負担となり、全額損金として毎月計上されます。

### ◆厚生年金基金の給付は

基金の給付は、プラスアルファ部分を含めた代行部分と加算年金部分で扱いが異なります。プラスアルファ部分を含めた代行部分は、老齢厚生年金の一部なので、生年月日に応じて定められている老齢厚生年金保険の受給開始年齢以降に年金として支給されます。そのため、途中退職をした場合は、その時点での支給はありません。

一方、加算年金部分は、在職老齢年金の支給停止がなかったり、加入1か月でも年金が受け取れるなど、基金ごとに取扱いが異なります。基本的には、老齢厚生年金の加算部分として60歳以降に年金で受給しますが、希望時に選択一時金で受け取ることも可能です。また、途中退職の場合は、脱退一時金としてすぐに受け取ることもできます。

【図表84　厚生年金基金の概念図】

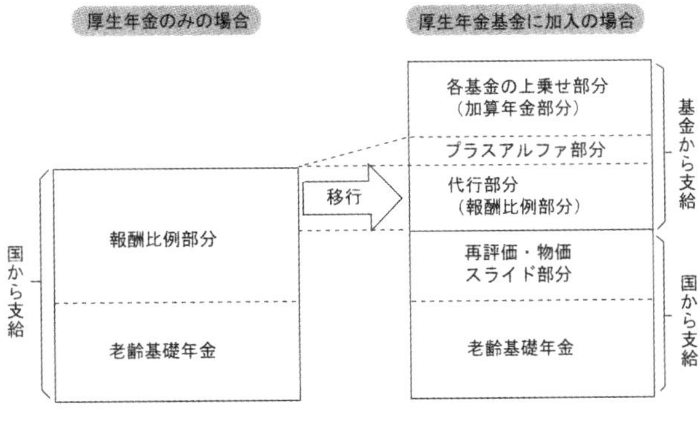

# Q55 厚生年金基金がなくなるってホント

A ① 厚生年金基金の法改正があり、健全基金以外の存続は難しい状況です。

② 中小企業が利用する「総合型」で健全基金に区分される基金はほとんどありません。

③ 基金を退職金制度とみなす会社では、退職金制度に影響を及ぼします。

## ◆厚生年金基金制度の変更

以前より、厚生年金基金の財政の悪化がささやかれていましたが、AIJ投資顧問の年金資産消失事件により、この問題が一気に表面化しました。

国は平成25年に厚生年金保険法等を一部改正し、厚生年金基金制度の大幅な見直しを行いました。厚生年金基金に関する法改正に内容のポイントは図表85のとおりです。

【図表85　平成25年厚生年金基金に関する法改正の内容】

① 施行日（平成26年4月1日）以降は厚生年金基金の新設は認めない。
② 施行日から5年間の時限措置で特例解散制度を見直し、基金を解散しやすくする。
③ 施行日から5年後（平成31年4月1日）以降は、財政状況が悪化している基金に国が解散命令を発動できる。
④ 上乗せ給付の受給権を保護するため、他の企業年金等への移行に特例を設ける。

## ◆財政状態による厚生年金基金の区分け

法改正の趣旨は、「財政状況が健全でない厚生年金基金は、解散してほかの制度に移行しなさい」というものです。

基金には、厚生年金の一部を国に代わって支給する「代行部分」と、独自の給付である上乗せの「加算年金」があります。今回の法改正では、基金の財政状況、具体的には代行部分の給付に対する積み立ての比率によって、基金を3つに分類しています(図表86)。

健全基金のほとんどは大企業が設立している「単独型」または「連合型」の基金であり、中小企業の加入が多い「総合型」の基金はほとんどありません。現在は「代行割れ予備軍」になっている基金でも、施行5年経過後の存続基準を毎年度満たし続けるのは困難と考えられており、解散して事業所ご

**【図表 86　基金の財政状況による 3 つの分類】**

| 区分 | 代行部分に対する積立比率 | 全 562 基金のうち（注 1） | 施行日(H26/4/1) | 5年後 | 10年後 |
|---|---|---|---|---|---|
| 健全基金 | 1.5～ | 約 1 割 | ・他制度への移行<br>・存続 | | 全廃を検討 |
| 代行割れ予備軍 | 1.0～<br>1.5 | 約 5 割 | ・他制度への移行<br>・解散 | 存続基準（注 2）を満たさない基金は解散命令 | |
| 代行割れ | ～1.0 | 約 4 割 | ・解散 | 特例解散申請期限 | |

注 1：代行返上中の基金を除く。
注 2：存続基準（次のいずれかを満たすこと）。
① 純資産（時価）≧（代行部分の債務）×1.5
② 純資産（時価）≧（代行部分＋上乗せ部分）の債務

とに他の制度に移管するか、または代行返上して確定給付企業年金へ基金ごと移行するかを余儀なくされるものと思われます。

また、厚生年金基金は、基金に加入する会社が連帯責任を負っています。そのため、代行割れの基金が解散するときは各社に負債を配分し、さらに基金解散後に会社が破綻すると、破綻会社が負っていた負債もほかの会社に割り振られました。これだと連鎖倒産を産む可能性があり、基金の解散が進まない原因になっていました。特例解散制度の見直しで、連帯債務をはずし、最長納付期間を延長するなど、代行割れ基金が解散しやすくしています。

### ◆厚生年金基金の制度変更と退職金の関係

今回の法改正では、代行返上部分は必ず保全される仕組みになっています。しかし、特例解散の適用を受ける基金の受給者は、申請日以降の上乗せ給付は支給停止になります。また、通常解散する基金でも、上乗せ部分は残余財産の範囲でしか保全されないため、上乗せ給付が減額されたり、消滅するケースも出てくると想定されています。

厚生年金基金を退職金制度の外枠や全部としている会社では、法改正に端を発した基金の解散とはいえ、賃金の一部である退職金の減額という「不利益変更」になりますので、代替措置の検討が必要になります。

また、内枠方式としている会社では、一時金での支給が増えますので、資金を準備してそのまま受け入れるか、水準を見直すかの検討が必要です。

総合型基金の場合は、加入している他の企業の動向もあり、単独で動けない側面はありますが、早めに準備を進めておいたほうがよさそうです。

# Q56 中退共ってどういう共済のこと

**A** ① 中退共はシンプルな仕組みで安定した利回りがのぞめるため、中小企業で多く利用されています。

② 掛け金に制約があったり、退職理由で支給額に差をつけられないなど、制度上の問題点もあるので、利用するときは仕組みをよく理解する必要があります。

◆中退共とは

中小企業退職金共済制度（中退共）は独立行政法人勤労者退職金共済機構が実施している退職金共済制度です。加入できる企業は中小企業に限られますが、中小企業ではもっとも利用されている制度です。

制度自体はシンプルで、企業が雇用する従業員を加入対象にして、機構と「共済契約」を締結します。企業が毎月掛金を機構に拠出し、機構は、個人別の資産管理と加入企業全体の資産運用を行います（図表87）。

将来の退職金は1%の予定利回りによる基本退職金と、運用実績が予定利回りを上回ったときに上乗せされる付加退職金から構成されます。従業員が退職するときは、本人が直接機構に請求して退職金を受け取ります。

【図表87 中小企業退職金共済制度の契約形態】

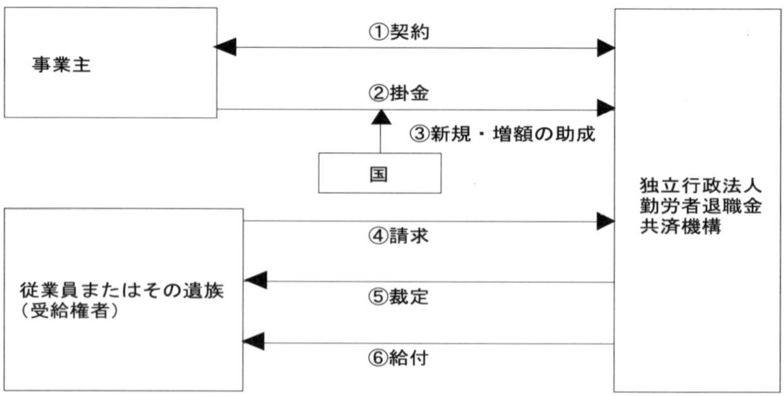


◆中退共のメリットは

中退共は制度維持のための費用負担を含めて、1%の利回りで計算されているため、現在の運用環境ではもっともコストパフォーマンスに優れています。

また、確定拠出型のため、企業が追加拠出を求められることもありません。

基本退職金は、給付水準がほぼ見通せます。また、60 歳以上で退職したときは、分割で支払いを受けることもできます。中途退職をしたときに、転職先がこの制度に加入していれば、これまでの資産をそのまま持ち運べます。

なお、新規に中退共に加入する従業員や加入者の掛金を増額したときに、国から掛金に対する助成があります。

長年、制度全体として積立不足をかかえていましたが、平成 24 年度には累積欠損金が解消されました。

平成 19 年度以来見送られてきた付加退職金も平成 26 年度から再開され、さらに有利になったようです。

### ◆中退共利用の注意点は

中退共は懲戒解雇などの一部の例外を除いて、退職理由により給付額に差をつけることができません。

そのため、この制度だけで退職金制度を実施すると、定年も自己都合も同額になります。また、退職金規程で計算された退職金額よりも、中退共から支給する金額のほうが多くても、そのまま退職者へ支給されます。

したがって、中退共を利用する企業の多くは、自己都合退職金の範囲内で中退共を利用し、最終的に退職するときは、退職金規程で計算した退職金から中退共で支給される金額を差し引いて、残額を会社から支給する例が多いようです。

掛け金は、正社員であれば月額 5,000 円から 30,000 円の範囲で定められた額を各人ごとに決めることになります。

勤続年数が短い従業員だと、最低の 5,000 円を拠出していても、退職金規程の支給額を上回る場合があるのでどの勤続年数から加入対象とするかは注意が必要です。

また、自己都合の範囲内で準備をし、かつ掛け金の上限額があることから、定年退職金のすべてを準備することは困難です。定年退職金との差異はあらかじめ別の手段を検討する必要があります。

このほかにも、従業員が加入後 1 年以内に退職したときの掛け金は会社に戻らない、掛金を減額しようとするときはそのつど減額される従業員の同意が必要になるなどの制度上の制約もあります。

# Q57 特定退職金共済ってどういう共済のこと

**A** ① 特退共は所得税施行令に定める特定退職金共済団体が実施する共済です。
② 制度の仕組みは中退共とほぼ同様で、企業規模に制約がないなどのメリットの反面、コストパフォーマンスではやや劣るようです。

### ◆特定退職金共済（特退共）とは

特退共は、所得税法施行令第 73 条に定められた特定退職金共済団体が実施している退職金共済制度です。制度を実施している特定退職金共済団体には、地域の商工会議所、商工会、都道府県商工会連合会、都道府県中小企業団体中央会などがあります。

制度の基本的な仕組みは、中退共（Q56 参照）とほぼ同様ですが、企業規模にかかわらず実施できること、掛け金の範囲が 1,000 円～ 30,000 円までの 1,000 円刻みと細かく設定できることなどのメリットがあります。

反面、退職一時金の給付額がやや少なく、また国からの助成がないなど、コストパフォーマンスでは中退共よりやや劣るようです（図表 88）。

【図表 88　中退共との比較】

| | 特定退職金共済 | 中小企業退職金共済 |
|---|---|---|
| 根拠法 | 所得税法施行令 | 中小企業退職金共済法 |
| 運営 | 特定退職金共済団体（市町村や商工会議所） | 独立行政法人勤労者退職金共済機構 |
| 創設 | 昭和 34 年 | 昭和 34 年 |
| 企業規模制限 | なし | あり |
| 加入する従業員 | 原則全員 | 原則全員 |
| 運用時の課税 | 全額損金・全額非課税 | 全額損金・全額非課税 |
| 受取り時の課税 | 年金：公的年金等控除<br>一時金：退職所得控除 | 年金：公的年金等控除<br>一時金：退職所得控除 |
| 従業員の意思による途中制度脱退 | 加入団体によって異なる | 可 |
| 受取り時の特典 | 退職所得控除<br>公的年金控除 | 退職所得控除<br>公的年金控除 |
| 掛金限度額 | 1,000 ～ 30,000 円<br>30 口までの中から選択 | 5,000 ～ 30,000 円<br>16 段階の中から選択 |
| 掛金負担 | 事業主 | 事業主 |
| 掛金の補助 | なし | 国の補助あり |
| 退職金の支払方法 | 直接従業員に支払われる | 直接従業員に支払われる |

# Q58 生命保険を利用して資金準備ができるのは

**A** ① 生命保険を利用すると税務上のメリットと資金の平準化ができます。

② 保険の種類によっては従業員の福利厚生をあわせて行うこともできます。

③ 保険会社に積み立てていても退職金としての保護はありません。

---

### ◆生命保険を利用する企業のメリット

生命保険を利用した退職金の積立方法は、決算書に出てこないため、見た目上は社外に積み立てているように見えます。しかし、あくまでも内部留保の一手段なので、企業に万が一のことがあった場合には退職金としての資産の保護はありません。

それでは、なぜ退職金として生命保険を利用するのでしょうか。

それは保険料の一部を損金として税務処理ができるからです。現金や預金で資金を残すと、企業の利益として毎年課税されますが、生命保険に拠出することにより、利益の一部を減らす効果があります。

また、確定給付企業年金制度や中退共と違い、生命保険は企業の都合で途中解約ができます。この解約金は従業員に直接支払われるのではなく、企業に支払われます。保険の種類によっては、保険会社から貸付を受けられるタイプもあります。従業員の退職金の準備が主な目的であっても、いざというときに企業の資金繰りに充当することができるのです。

従業員が退職したときは、生命保険の全部または一部を解約すると企業に解約金が戻ります。この段階ではこれまで損金計上した金額が企業の利益になります。しかし、退職者にそれ以上の退職金を支払うので、結局のところ相殺されて利益は残りません。会社は、退職金の費用を平準化することができ、また一時的なキャッシュフローの悪化を防止することができます。

### ◆退職金の準備と従業員の福利厚生が同時にできる

退職金の準備方法の代表的な保険商品に養老保険があります。

養老保険は従業員全員が加入するタイプの保険です。生命保険ですから、従業員に万が一のことがあった場合には、保険金が支払われます。退職するときは解約して企業に解約金を戻し、退職金の一部として利用します。

例えば、保険金500万円であれば、定年までに500万円が貯まるように保険料を設定し、企業が毎月保険料を保険会社に支払います。万が一、従業員が死亡したときは500万円の死亡保障がつきます。定年まで在職したときは満期保険金として企業にやはり500万円が支払われます。途中で退職した場合は、その時点での解約返戻金が支払われます。なお、定年退職時の満期保険金は、従業員が年金で受けることを選択できる保険種類もあります。

このように生命保険を利用することで、退職金の準備と従業員の福利厚生が同時にまかなえます。

### ◆生命保険利用のデメリット

生命保険での退職金の準備はいいことばかりではありません。生命保険はあくまでも企業の資産の一部ですので、目的が退職金の準備であったとしても企業に何かあったときは、退職金としての保護は一切ありません。

また、保険契約を途中で解約するときは、保険料の全額が戻ることはまずありません。損金の効果と解約返戻金のバランスによっては、預金しておいたほうが得策になることもあります。なお、保険契約の税務上の取り扱いは税制が見直されることがあります。

従業員が死亡したときの死亡保険金は、従業員の遺族に支払うことが原則です。福利厚生のことを考えずに単純に退職金の準備のためだけに生命保険を利用した場合に、死亡保険金をめぐって遺族とトラブルになることもあるようです。

また、生命保険は加入時に病歴等の診査があります。身体の状況によっては加入できない従業員が出てきます。その場合は、その従業員だけ福利厚生を受けられませんので、このようなケースの対策もあらかじめ考えておかなければなりません。

【図表89　退職金の準備によく使われる保険商品】

| 保険の種類 | 主に被保険者となる人 | 保険料の税務処理（原則） |
|---|---|---|
| 養老保険 | 従業員全員 | 保険料の2分の1 |
| 長期定期保険 | 従業員または役員 | 最高解約返戻率に応じて、４０％または６０％ |
| 長期傷害保険 | 従業員または役員 | |
| 逓増定期保険 | 役員 | |
| がん保険 | 役員 | |

# Q59 中退共と生命保険商品を組み合わせるってどういうこと

**A** ① 中退共と生命保険の両者の欠点を補いつつ、定年退職金の費用の平準化と資金準備をすすめることができます。

② 一定年齢以上の方に限定して準備をすすめればよいでしょう。

### ◆生命保険を利用する企業のメリット

Q56で説明したように中退共はコストパフォーマンスに優れている反面、退職理由で支給額を変えることができず、また掛け金に制約もあります。そのため、自己都合退職金の一部で利用している会社がほとんどです。とくに定年退職時には、中退共の支給額だけでは大幅に足りないことがあります。

生命保険は保険料で拠出した金額の100％を戻ってくることはほとんどありませんが、解約返戻金は企業に戻り、その中で必要額を従業員に支給すればよいメリットがあります。

両者の欠点を補い、またメリットを活かすために、確実に支払わなければならない自己都合退職金はできるだけ中退共を利用し、従業員が退職してみなければわからない定年退職金との差額を生命保険で準備することが考えられます。

生命保険での準備額は、たとえ多すぎても会社へ戻りますので、多少アバウトでもかまいません。また、勤続年数が短かければ自己都合退職金が企業の財務に影響を及ぼすことは少ないので、自己都合退職をする可能性が少なくなる50歳（または45歳）以上くらいから準備を始めればよいでしょう。

【図表90 中退共と生命保険を組み合わせて資金準備のイメージ】

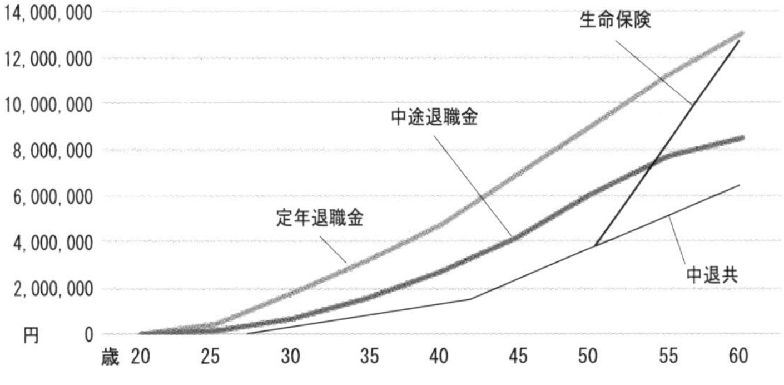

# Q60 退職金のタイプと資金準備のまとめ

**A** ① 中小企業の退職金の資金準備の方法は、厚生年金基金を除いた6種類の中から検討します。

② 退職金の制度設計や支給水準にあわせ、会社で重視したい項目にあった資金準備の方法を選びましょう。

………………………………………………………………………………………

### ◆中小企業の退職金の資金準備の種類

これまで説明してきた退職金の資金準備のための手法はもう一度、おさらいしてみましょう。

退職金の資金準備のための手法は図表91の7通りがあります。この中で「③厚生年金基金」はQ55で説明したように、平成26年4月以降は新規設立ができません。新たに退職金制度として利用するというよりは、むしろ現在退職金の一部または全部としてこの制度を導入している企業が、今後制度の廃止に向けてどのように解決していくかを検討していくことが大切なので、ここでの説明は省略します。

また、Q51に出てきたキャッシュバランスプランは、「①確定給付企業年金」の応用形で、給付額が市場利率にあわせて変動するため、企業の追加負担リスクが軽減される制度です。「①確定給付企業年金」を利用しようと考える企業が、選択肢の1つとして検討する制度なのでここでは出てきません。

同様に、Q53の選択制確定拠出年金も、資金準備の手段としては「②確定拠出企業年金」になります。

【図表91 中小企業の退職金の資金準備の方法】

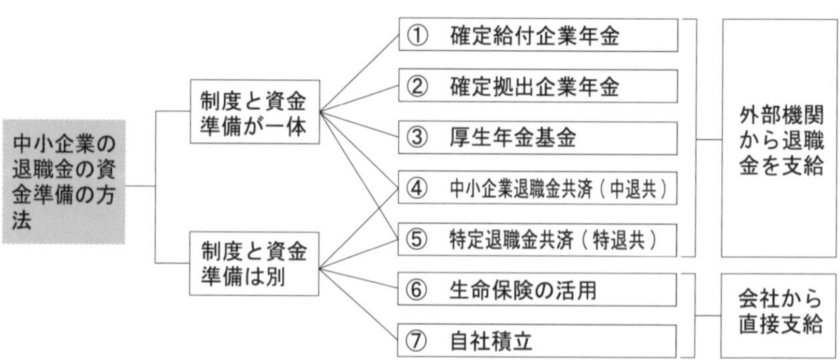

◆退職金の資金準備を選ぶには

会社が退職年金制度を行いたいのであれば、「①確定給付企業年金」「②確定拠出企業年金」が基本的な制度になります。しかし、「④中退共」と「⑤特退共」は一定の加入期間をクリアしていれば、分割払いもしくは年金払いを本人が選択することができますので、事実上、退職年金制度があることになります。

また、「⑥生命保険」も保険の種類によっては年金給付が受けられるものもあります。

定年退職と中途退職の支給額に差をつけようとするのであれば、退職理由によって支給額の差をつけられない「②確定拠出企業年金」「④中退共」「⑤特退共」は自己都合退職の支給額の範囲内で行わざるを得ません。この場合は、定年退職金との差額をその他の手法を組み合わせて準備しておくことも考えておかなければなりません。

なお、「⑥生命保険の活用」は外部の積立ですが退職金としての保護はありませんので、「⑦自社積立」の中の１つの手法です。しかし、「⑦自社積立」よりは退職金の平準化と税務上の全部または一部が損金となる点で有利です。

どれも一長一短があり、また複数の方法で資金準備を行うケースも増えているので、どの方法やどの組み合わせがベストなのかはなんとも言えません。

しかし、企業規模によっては受託機関が引き受けてくれないなど、そもそも選択できない手法もあります。

退職金制度の制度設計や支給水準にあわせて、コストパフォーマンスやキャッシュの準備性など、それぞれの企業が重視する項目に適した方法を選びましょう。

【図表 92　退職金の積立方法の比較】

| 資金準備の手段 | 年金制度の実施可否 | 定年と中途退職の金額差への対応 | 費用の平準化 | 企業にとってのコストパフォーマンス | 想定企業規模 |
|---|---|---|---|---|---|
| 1．確定給付企業年金 | ○ | ○ | ○ | × | 100名以上 |
| 2．確定拠出企業年金 | ○ | × | ○ | × | 50名以上 |
| 4．中小企業退職金共済 | △ | × | ○ | ○ | 300名以下 |
| 5．特定退職金共済 | △ | × | ○ | ○ | 制約なし |
| 6．生命保険 | △ | ○ | △ | △ | 制約なし |
| 7．自社積立 | × | ○ | × | − | 制約なし |

# Q61 退職金規程なしで退職金を支給しているときは

A ① 退職金の支給が慣習であれば、今後も支払いが必要と考えられます。

② トラブルを防止するためにも、きちんと退職金規程を整備しましょう。

……………………………………………………………………………………

### ◆「慣習」になれば退職金の支払いが必要になる

退職金に関する規定が就業規則などにない場合でも、これまでの退職者に一定の基準で退職金を支払ってきたという前例があり、これが「慣習」と呼べるほど複数のケースに及ぶのであれば、その慣習に従った退職金の支給が必要になります。

### ◆退職金規程がないときの判例は

退職金規程がない場合の退職金の支給には、図表93のような判例があります。

【図表93　退職金規程がないときの判例】

●宍戸商会事件
「本件につき検討すると、被告会社において退職金規定が存在していたと認めるに足る証拠はない。しかし、過去何回となく被告会社は退職金を支払っていた事実がある。これから判断すれば、被告会社には、退職者の退職時の基本給プラス諸手当に勤続年数を乗じた額の退職金を支給する慣行が成立していたといわなければならない。したがって、被告会社は原告に対して退職金を支払う義務がある」（東京地判　昭48.2.27）

●日本ダンボール事件
「被告会社には明文の退職金規定は存在していなかったが、右認定した基準に基づく退職金算出方法で算定した退職金が支払われており、退職金の支給は被告会社において確立した慣行になっていたことが認められるから、右慣行は被告会社と原告らとの雇用契約の内容となっていたと認めるのが相当である」（東京地判　昭51.12.22）

本来、退職金は、法律上の支払義務はなく、かならず支給する必要はありません。

しかし、退職金規程がないのに支払いの前例があると、その他の退職者にも支払義務が発生する可能性があり、支給の有無や支給額のトラブルを招く原因にもなりかねません。

# Q62 退職金は必ず全員に支払う必要があるってホント

A ① 規程で定めれば、一部の従業員に限定することは可能です。

② 退職金規程で支給対象になる従業員は、退職金を支給しない雇用契約を締結しても無効になり、退職金の支給義務が残ります。

## ◆退職金は全員に支給しなくてもよい

退職金は賃金ですが、法的に支給が要求されているものではありません。そのため、退職金規程で対象者を限定してれば、一定の勤続年数以上の者に支給を限定したり、一定の職種に限定して退職金を支給することは構いません。また、職種によって、対象となる勤続年数や計算方法を変えることも可能です。

極端に言えば、「勤続 20 年以上の者に支給する」と規定していれば、その年数に達するまでの従業員に退職金を支給しないことも可能です。

## ◆退職金を支給しない雇用契約より、退職金規程の支給義務が優先

注意したいのは、特殊な職務や経験を有する方を中途採用の正社員で雇用したときなど、特別な雇用契約を締結する場合です。このような場合、多額の年俸や月給等を支給する代わりに、退職金を支給しない雇用契約にすることがあります。

しかし、退職金規程が「退職金は正社員に支給する」になっているだけならば、「年俸制で退職金は支給しない」契約が無効になります。

これは、雇用契約は退職金規程などの就業規則より効力が弱く、就業規則以下の労働条件の雇用契約は、その部分について無効になるからです。前述の場合は、退職金がないかわりに支給する多額の年俸は雇用契約のほうが有利になっているのでそのまま支給する義務があり、さらに退職金についての雇用契約は無効なので、退職金規程による退職金も支給する義務があることになります。

【図表 94 就業規則と雇用契約の効力の強さ】

法律 ≧ 就業規則（退職金規程） ≧ 雇用契約

# Q63 正社員にしか退職金制度がないときは

**A** ① 規程に記載してあれば、正社員にしか支給しなくもかまいません。

② パートタイマーには退職金の有無を書面で明示する義務があります。

③ 退職金規程は無期転換の導入などの法改正にあわせて修正が必要です。

---

### ◆正社員にしか退職金制度がないときは

Q62でも触れましたが、正社員にある退職金制度がパートタイマーになくても、法的には問題はありません。しかし、退職金規程に、パートや嘱託などを除外して支給を正社員に限定する文言がなければ、いくら雇用契約書に退職金を支給しないと記載していても、就業規則以下の労働条件は無効になりますので、退職金の支給義務が生じます。

なお、パートタイマーには、雇入れ時に退職金の支給の有無を書面などで明示しなければなりません(パートタイム・有期雇用労働法)。

【図表95 退職金の通知の方法】

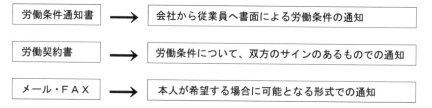

| | | |
|---|---|---|
| 労働条件通知書 | → | 会社から従業員へ書面による労働条件の通知 |
| 労働契約書 | → | 労働条件について、双方のサインのあるものでの通知 |
| メール・ＦＡＸ | → | 本人が希望する場合に可能となる形式での通知 |

### ◆退職金規程の記載方法が大事

平成25年に施行された改正労働契約法により、通算雇用契約期間が５年を超えた有期契約労働者が申し出ると、雇用契約が期間の定めのない雇用契約に転換される（無期転換）ことになりました。

これまでは、「期間の定めのない雇用契約＝正社員」と考える会社が多く、退職金規程も「契約期間の定めのある従業員は除く」としているケースがあります。この場合、先ほどの無期転換した従業員には、正社員でないにもかかわらず､退職金を支給する義務が生じます。このようなケースも想定して、会社が退職金の対象外と考えている人と退職金規程がマッチしているか、再度確認することが大切です。

# Q64 定年を延長したら退職金も増やさないといけないってホント

**A** ① 退職金規程で定めれば、勤続年数のカウントはこれまでの定年までにすることができます。

② 不利益変更にならないように、定年延長と退職金規程の改定は同時に行いましょう。

### ◆定年延長と退職金の勤続年数

平成25年に施行された高年齢者雇用安定法の改正により、原則として65歳までの継続雇用が義務化されました。この機会に定年の延長を考えている会社もあるのではないかと思います。

退職金を計算するときに使用する勤続年数を、単に「入社から退職まで」と規定している会社では、定年を延長すると退職金計算のための勤続年数が伸びることになります。

通常の退職金制度では、勤続年数が長くなると退職金も増額になります。このため、「定年延長は構わないが、退職金まで増えるのは」と定年延長に二の足を踏む会社もあるようです。

しかし、退職金は繰り返しになりますが、法的な定めがあるわけではないので、規程で定めればこれまでの退職金の勤続年数のままにしておくこともできます。

### ◆定年延長をする場合の退職金規程の定め方

例えば、これまでの60歳の定年を65歳に延長する基本給連動型退職金（退職金＝基本給×勤続年数ごとの支給率×退職理由係数）のケースを考えてみましょう。

この場合は、退職金規程を図表95のように定めておけば、定年を65歳に延長したとしても、勤続年数は従来の定年である60歳の誕生日までしかカウントされません。

定年を延長する場合でも、60歳以後の基本給はこれまでより減額になるケースがあります。基本給連動型退職金制度では、基本給が減額になると退職金も当然少なくなります。定年が延長になったことにより、退職金が少なくなるのではおかしな話です。そのため、勤続年数の計算方法だけではなく、

【図表 96　定年を延長する場合の規定の仕方】

○勤続年数の計算方法：入社から退職まで。ただし、60 歳の誕生日以降に退職する場合は、60 歳の誕生日までとする。
○基本給の決定方法：退職時の基本給とする。ただし、60 歳の誕生日以降に退職する場合は、60 歳の誕生日の基本給とする。
○退職理由：満 60 歳の誕生日以降に退職する場合は、定年退職扱いとする。ただし、退職金の不支給または減額要件に該当する場合はこの限りではない。

基本給の決定方法も 60 歳以降の退職の場合はこれまでの定年時点の基本給とする定めを設けています。

定年延長の導入により、60 歳より前、例えば 57 歳時点から基本給を徐々に減額する制度を取り入れるのであれば、「57 歳の誕生日時点の基本給」に置きかえることも考えられます。

また、定年延長を望まず、60 歳でリタイアしたかった方や、定年延長はしても体調の問題により 65 歳以前に退職を考える方もいます。そういった方が不利にならないように、60 歳以降の退職は、自己都合であっても退職金の計算の上では定年扱いにする規定も入れてあります。

◆不利益変更にはあたらないか？

退職金の勤続年数に上限を設けることについて、「労働条件の不利益変更にあたらないか」という質問を受けることがあります。

しかし、定年延長と先ほどのような退職金規程の変更を同時に行うのであれば、不利益変更にはなりません。たしかに退職金規程だけを見てみれば、これまでの退職金制度での勤続年数は「定年」まで、規程変更後の勤続年数は「60 歳まで」と違う書き方になっています。しかし、実態はどちらも 60 歳までをカウントしており、勤続年数が短くなるわけではありません。そのため、労働条件の不利益変更にはあたらず、むしろ定年延長という労働者にとって有利な変更だけが行われることになります。

ただし、定年延長を先行して実施してしまうと問題が生じるかもしれません。退職金制度の改定が遅れると、定年延長の実施時点で、退職金制度の勤続年数に 60 歳以降も含まれてしまいます。その後退職金制度を改定すると、含まれたはずの勤続年数が短くなるので不利益変更といわれかねません。

このようなことがないように、定年延長を行う場合は、退職金制度まで気を配って実施することが大切です。

# Q65 社長が特別に退職金を増やしたいと言い出したときの対応は

**A** ①　特別に上乗せするときは、退職金の特別加算制度により対応します。

②　頻繁な利用は「慣習」になるので、明確な理由があるときに限定して利用しましょう。

---

### ◆特別に退職金を増額したいときの対応

退職する従業員が会社に対して貢献が大きく、通常の退職金より多く支給したい場合は、特別加算制度を利用します。

特別加算する制度は、退職金規程で他の従業員と同様に計算した金額に、会社が妥当と考える金額を上乗せするものです。会社に対する貢献度はケースバイケースであり、加算する金額をあらかじめ想定しておくことは難しいでしょうから、図表97の右側のように、特別加算の対象にする要件は一般論で大まかに記載し、また、支給額はその都度会社が決定する旨を退職金規程に規定しておきます。

【図表97　特別加算制度】

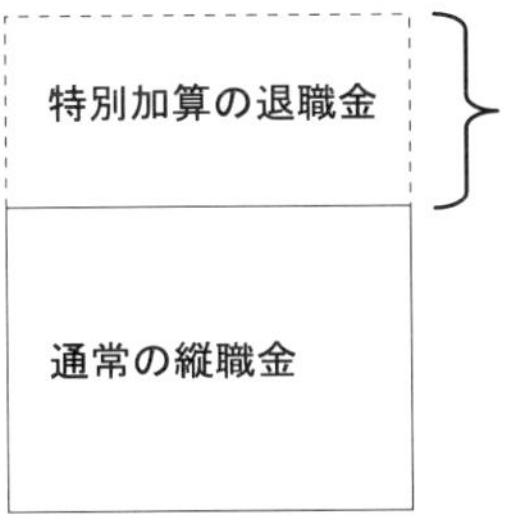


（退職金規程の規定例）

在職中、特に功労があったと認められる社員に対して、退職金に特別功労金を加算して支給することがある。

支給額は、その都度その功労の程度を勘案して定める。

### ◆特別加算をよく使用していると

特別加算制度をあまり頻繁に利用していると、加算すること自体が「慣習」ととらえられてしまうことがあります。特別加算が慣習と判断されると、会社に支給義務が発生しますので、加算の対象にならなかった従業員へも加算しなければなりません。

加算の対象にならなかった退職者との無用のトラブルを防止する意味でも、特別加算制度の頻繁な利用は避けましょう。また、特別加算を適用した場合は、どのような理由、どの程度の貢献があったので対象になったのかを、後で明確に説明できるようにしておきましょう。

# Q66 一度退職した者を再雇用したときの勤続年数の通算は

**A** ① 再入社はそれぞれ独立した雇用契約と考え、勤続年数の通算はしません。

② 会社が恩恵的に通算することは禁止されていません。

……………………………………………………………………………………

### ◆一度退職した従業員の再雇用契約の考え方

一度退職した従業員を再雇用する場合の勤務期間の通算は、原則として行わなくて構いません。有期雇用が繰り返されているような場合は別ですが、正社員が一度退職し、期間の空白ができてから再度入社したのであれば、たとえ同一人物であっても個々の雇用契約は独立しています。

そのため、最初の雇用契約が終了したときはその時点で規程に基づいて計算した退職金を支給し、再度入社したときはまったく別人が中途入社したのと同じように考えればよいわけです。

【図表 98　再入社のときの退職金支給のイメージ】

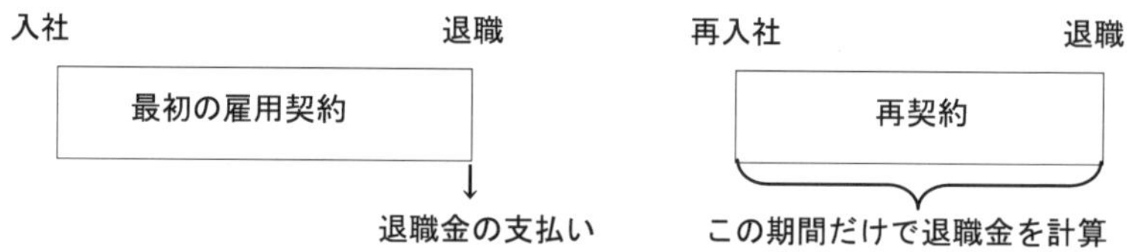


### ◆恩恵的に勤続年数を通算するときの計算方法

もちろん、会社が両方の勤続年数を通算してあげることは、退職金規程以上のことをするのですから、禁止されているわけではありません。この場合は、両方の勤続年数を通算して再雇用後の退職時に退職金を計算し、最初の退職時に支給している金額を控除すればよいでしょう。

【図表 99　2 つの契約を通算するときの計算例】

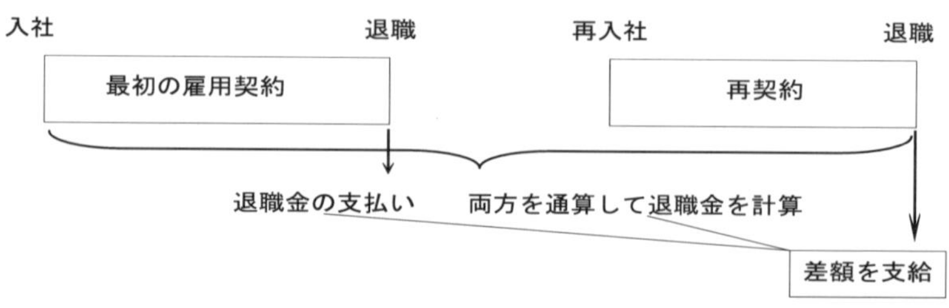

# Q67 転籍する従業員への退職金の支給方法は

**A** ① 転籍時に精算する方法と、転籍前後を通算する方法があります。
② 転籍時に本人と退職金の取扱いの合意をしておきましょう。

### ◆転籍時に退職金を精算すると

転籍は所属する会社が変わりますので、転籍前と転籍後は別々の雇用契約になります。そのため退職金も、転籍前と転籍後、それぞれ退職金を計算したほうがわかりやすく感じるかもしれません。

しかし、転籍時に退職金を精算するときは、会社都合で計算するのが一般的なので、転籍後すぐに自己都合で退職されると会社は支払いすぎに感じる可能性があります。また、転籍後は中途採用のように勤続年数が短くなり、退職時に本人が受け取れる退職金が少なくなる可能性があります。

【図表100 転籍時にいったん支給するときのイメージ】

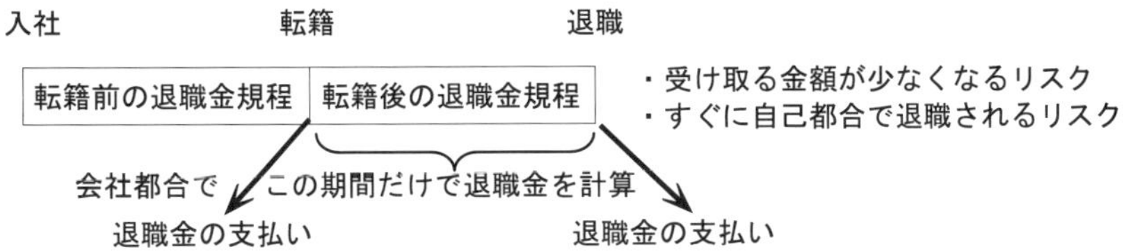


### ◆転籍前後の勤続年数を通算すると

転籍前後の勤続年数を通算する場合は、転籍後に退職するときの退職理由に応じて退職金が計算されますので、転籍時に精算するより平等かもしれません。しかし、転籍前と転籍後の会社の退職金制度が大幅に異なっている場合など、通算するのが困難なケースもあります。

転籍は、所属する会社が変わりますので、本人の同意が必要です。同意を得る際に退職金の取扱いについて書面で残すようにしておきましょう。

【図表101 転籍の前後を通算して支給するイメージ】

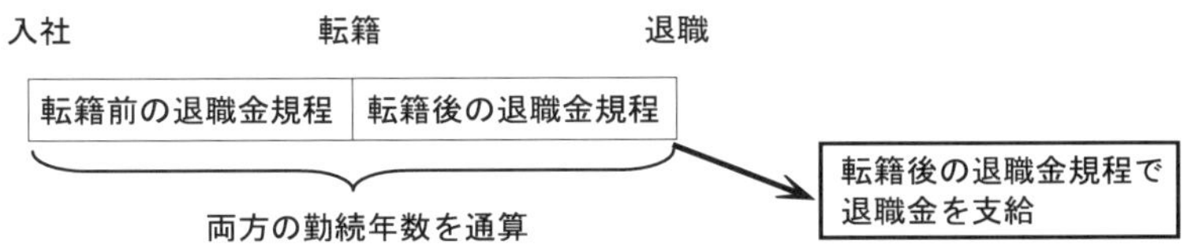

# Q68 退職時の有給休暇消化で退職金を増やさないためには

**A** ① 年休消化期間を退職金の勤続年数から除外するのは無理があります。
② 規程に定められていれば、引継ぎをしない従業員への減額は可能です。
③ 引継ぎをさせるために有給休暇を買い取ることも検討の余地があります。

### ◆退職時の有給休暇の期間を勤続年数から除外するには

退職する従業員から「退職前に今まで消化できずに残っている年休をまとめて消化したい。」といわれた場合、有給休暇を消化している期間を退職金の計算に含めないことはできるでしょうか。

有給休暇を取得したことによる賃金の減額はできないことから、答えはNOです。退職時に「まとめて有給休暇を消化して、実際には勤務していないのだから」という会社の心情的な理屈はわかりますが、たとえ退職時の年休消化だけに限定するのであっても、有給休暇の取得日を退職金の計算の勤続年数から除外するのは困難です。

### ◆業務の引継ぎをしなかった従業員への減額

しかし、突然退職を申し出て、その後退職日までのほとんどの期間を年休消化にあて、引き継ぎすら満足にしない従業員に対しては話が別です。

引継ぎを完了させてから退職するのは、従業員の義務です。これを行わずに退職するのを認めたのでは、引き継ぎをきちんとした従業員とのバランスがとれませんし、残る従業員にも迷惑をかけることになります。

退職金規程に「業務の引き継ぎを完了しないで退職した場合は退職金を減額する」旨の定めがあれば、退職金を減額することは可能です。最後にまとめて有給休暇を取得するのであれば、有給休暇に入る前に引き継ぎを完了さ

【図表102 退職金減額のイメージ】

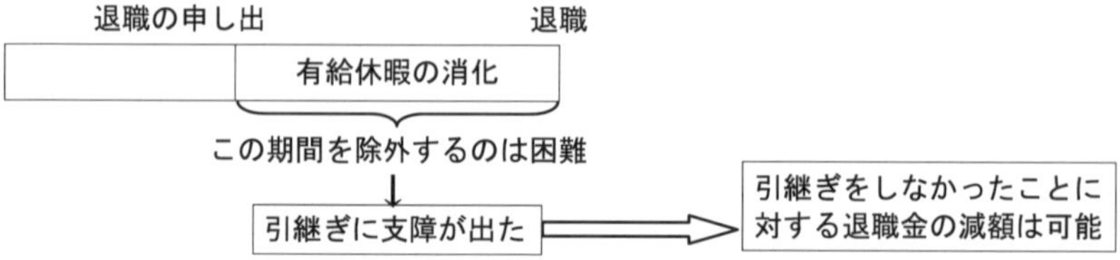

せておけばよいだけです。ただし、減額の幅が大きいと、減額自体が無効になることがあります。

### ◆有給休暇の買取りは

もう１つ、引き継ぎのために消化できない有給休暇を会社が買い取ることも考えられます。

「有給休暇を買い取るのは違法」と思われている方もいると思いますが、違法なのは、あらかじめ有給休暇を買い取ってしまい、付与する日数を減らしたり、事前に買い上げを約束することです。これは事前に買い上げてもらえることがわかっていると、労働者が有給休暇を取得しなくなり、休暇を促進する本来の趣旨に反するからです。

退職で権利が消滅する未消化の有給休暇を買い上げるのは、従業員の有給休暇取得の抑制効果をもたらさない限り、違法性はないものと解されています。

退職する従業員から、未消化の有給休暇の買取りを請求されても、会社がかならず応じなければならないわけではありません。しかし、退職日と引き継ぎの兼ね合いで必要な勤務日数を確保するために、会社が有給休暇の買上げを提案することも１つの方法です。

【図表 103　年次有給休暇の買取り】

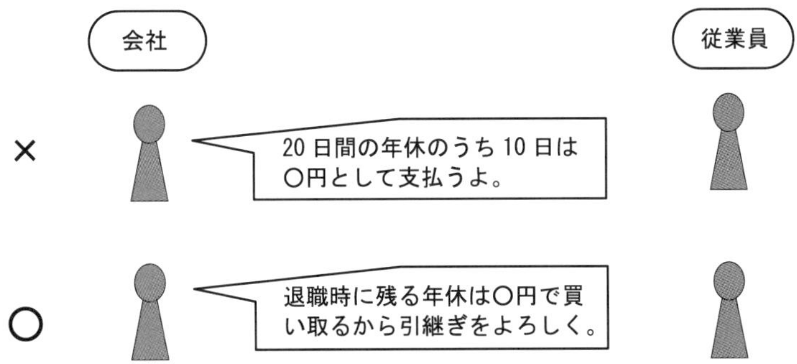


なお、有給休暇の買取り金額は、会社と退職者の双方の合意があれば、特段決まりはありません。

ただし、あまりにも少ない金額で退職者が了承しなければ、有給休暇の買取りが合意できません。

買取りの合意ができなければ、退職者は当初の予定とおり、退職日までに有給休暇をすべて消化しようとするでしょう。

# Q69 長期療養中に退職金が増えるときの対応は

**A**
① 長期療養中は勤続年数から除外することができます。
② 就業規則の休職規定と退職金規程の整合性が大切です。

### ◆長期療養中を勤続年数に含めないためには

中小企業の退職金規程でよく見るのは、「休職期間は勤続年数から除外する」ことになっている定めです。この規定の仕方は決して間違っているわけではありません。

しかし、就業規則の休職規定を見ると、「病気療養による欠勤が連続して３か月以上におよんだときは休職を命じる」となっていたりします。

近年では、精神疾患により長期療養する従業員が増えているようです。精神疾患の場合は、断続的に欠勤を繰り返すことが多く、連続して３か月の欠勤はしないため休職には至らないケースもあります。これは就業規則の休職の定め方に問題があるのですが、長期の欠勤も休職も勤務していないことには変わりません。

そのため、勤続年数の計算の項目に、「１か月以上の長期欠勤や休職期間は除外する」旨を定めておくほうがよいでしょう。

【図表104　退職金と長期療養の関係】

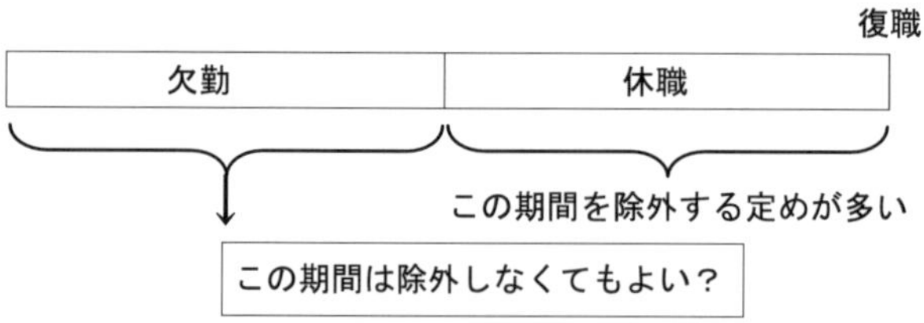


### ◆月の途中から欠勤や休職するときは

一歩進んで考えると、欠勤や休職はかならずその月の初日から始まるわけではありません。勤続年数から除外する期間は規程の定め方によりますので、極端に言えば、その月に１日でも欠勤や休職をした場合は、その月１か月を勤続年数から除外することも可能です。

ただし、退職時に除外期間の履歴がわからなくならないように、きちんと管理することが必要です。

# Q70 育児休業や介護休業があるときの退職金の計算は

**A** ① 産前産後休暇や育児休業、介護休業は勤続年数から除外できます。

② 実際の育児休業等の期間を超える勤続年数の除外は違法になります。

### ◆育児休業中の勤続年数のカウント

欠勤や休職の場合と同じように、退職金規程に定めていれば、育児休業や介護休業をしている期間は勤続年数から除外することは可能です。

しかし、育児休業と介護休業を勤続年数から除外する規程はよく見かけますが、「産前産後休暇」が除外されていないケースがときどきあります。

産前産後休暇と育児休業は、従業員本人が出産するのであれば、出産前が産前休暇、出産後2か月までが産後休暇、その後育児休業になります。あえて退職金の勤続年数の計算で、両者を区別する理由がわかりません。

おそらく法律が異なり、それぞれの制度が始まった時期が違うからなのでしょうが、区別する理由がないのであれば「勤務しない」ことには変わりませんので、一律に除外するように定めてもよいかもしれません。

【図表 105　産前産後休暇と育児休業の関係】

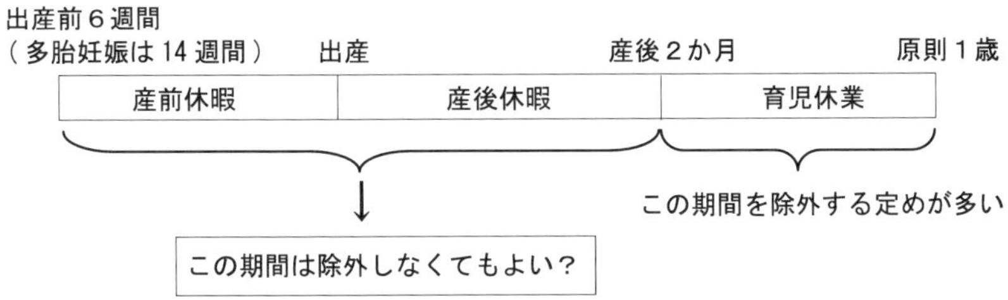


### ◆月の途中から休業したときは

Q 69 でその月に1日でも欠勤や休職があれば、規程で定めていれば1か月すべてを勤続年数から除外できると説明しました。

しかし、産前産後休暇や育児休業、介護休業では、これらの休業を理由とする不利益は認められていません。

そのため、実際の休業期間を超えて勤続年数から除外することはできません。欠勤や休職とは解釈が異なりますので、注意が必要です。

# Q71 退職金の減額ができるのはどんなとき

**A** ① 懲戒解雇になった従業員には退職金を支給しないことができます。

② 退職金を不支給や減額するためには、あらかじめ規程にそれぞれの要件を定めておくことが必要です。

### ◆退職金の法的性格は

多くの会社では退職金制度を導入しています。本来、退職金は支給が義務付けられているわけではありませんので、かならずしも支給しなければならないものではありません。しかし、就業規則や退職金規程であらかじめ支給条件を明確にしている場合には、会社に退職金の支払義務が発生し、法律上賃金と同じ扱いになります。

### ◆退職金を不支給や減額にするには

懲戒解雇など本人の不祥事による退職の場合に、退職金を不支給や減額にするのであれば、就業規則や退職金規程にあらかじめその旨を定めておかなければなりません。

例えば、懲戒解雇の場合に退職金を支給しないことが会社の慣例として成立していれば、就業規則や退職金規程にその旨の定めがなくても、退職金を不支給とすることは違法ではないとの判例もあります。しかし、中小企業で退職金が不支給となる懲戒解雇が「慣例」として成立するほど頻発している会社はまずないでしょう。

そのため、退職金の不支給や減額要件を就業規則や退職金規程で明確に定めておくことが大切です。

【図表106 懲戒解雇に対する退職金の不支給に対する判例（ポイント）】

① 退職金には賃金後払いの性質だけではなく、功労報償の性質もあるので、懲戒解雇された従業員に退職金を支給しないことが一般的に不合理とはいえない。
② そのため、懲戒解雇された従業員に退職金を支給しない内容の付款を設けることは許される。
③ 付款はあらかじめ、就業規則において定めておくべきであるが、個々の労働契約において、付款を設けることを合意することは当然許される。

④ 就業規則において付款を設けていなくても、そのような付款が適用されるという事実たる慣習が成立しているものと認められる場合には、付款が設けられていると認めることができる。
(東京地判 平11.2.23)
＊この裁判では、付款がなかったものとして退職金の請求が認められています。

### ◆退職金を全額支給しないことは可能か

それでは、懲戒解雇であれば当然に退職金を全額不支給にできるのでしょうか。

これまでは、懲戒解雇となった理由が、横領や名誉毀損、器物損壊など会社に「相応の損害」を与えた場合に限り、全額不支給とすることができると解されてきました。しかし、近年では、全額不支給にできる懲戒解雇事由を厳格に判断する傾向が見られ、よほど悪質なケースでないと全額不支給が認められない傾向にあります。

1つの判断として、解雇予告制度の除外認定の基準が準用できます。つまり、除外認定を受けられる程度の理由の場合は全額不支給、そうでない場合は、損害の度合いと従業員のこれまでの貢献度を勘案して減額幅を決定するのです。

退職金の減額は全額不支給とは異なり、広い範囲が認められる可能性が高いです。しかし、減額となった理由にくらべ、過大な減額をすることは認められないケースもあります。少なくとも退職金を減額する場合の要件を、退職金規程に明記しておくことが重要です。

【図表107 懲戒解雇と退職金の関係】

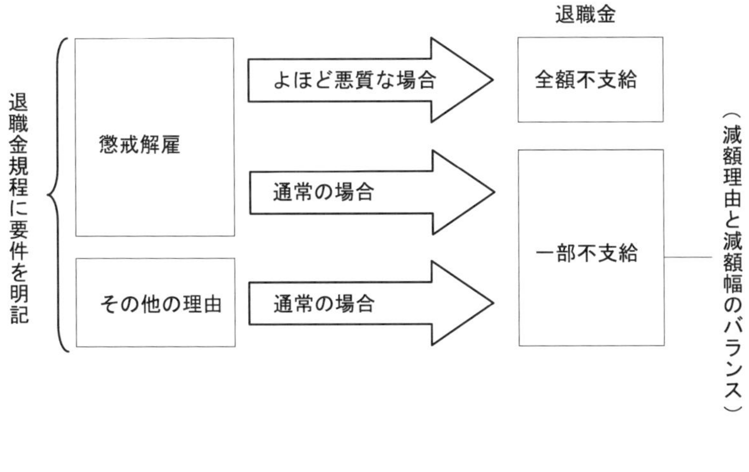

# Q72 懲戒解雇の直前に退職届を提出してきたときは

**A** ① 退職後にさかのぼって懲戒解雇の処分をすることはできません。

② 不祥事があった場合は自己都合でも不支給にする要件を定めましょう。

◆退職後の懲戒解雇はできない

多くの会社の退職金規程では、懲戒解雇の場合は不支給とする要件を定めています。しかし、実務上は、横領など不祥事を起こした場合は事実関係の調査をするための時間が必要になり、本人にも不祥事が会社に発覚しそうなことが認識できます。まして、労働基準監督署の解雇予告の除外認定を受ける場合は、本人への聞取り調査が必須であり、不祥事が事実であれば、懲戒解雇される前に退職届を提出してくることもあります。

日付をさかのぼっての懲戒解雇はできませんので、退職届の退職日がきてしまうと懲戒解雇は事実上できなくなってしまいます。

◆退職金を不支給にするには

このように懲戒解雇になる日より前の日付で退職しようとした場合は、懲戒解雇ではないので、自己都合として退職金が支給されてしまいます。

これを防止するためには、退職金の不支給や減額要件に単に「懲戒解雇されたとき」だけ記載したのでは不十分です。「在職中の行為で懲戒解雇に相当する行為があったとき」まで記載しておくことが大切になります。

【図表108 懲戒解雇の前に退職届を出したときの退職金】

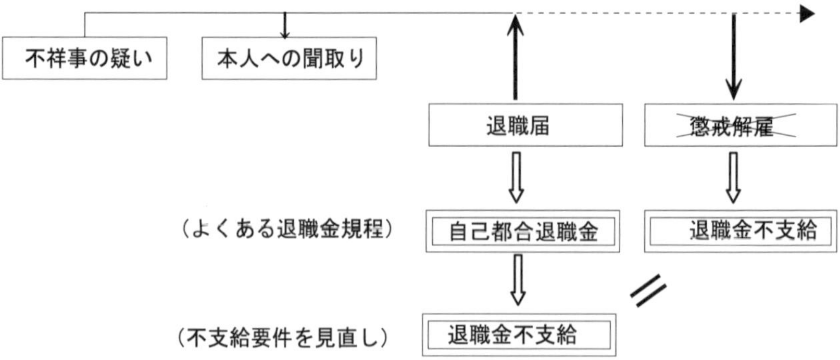

# Q73 温情で解雇にしたら退職金が増えるときの対応は

**A** ①　一般的な規程では、解雇は会社都合の退職金が支給されます。
②　規程の記載方法を工夫すれば、自己都合の退職金支給にとどめることができます。

---

### ◆温情の解雇扱いが会社都合になる

中小企業では、その善し悪しは別にして、失業保険を早く受け取れるようにするために本人から退職の申し出があったのに解雇扱いにするケースがあるようです。また、本来であれば、諭旨退職や懲戒解雇に相当する理由がある場合でも、本人の将来を考えて普通解雇にすることはよくあります。

このような場合、一般的な退職金規程では、解雇は会社都合扱いになり、自己都合退職より退職金も増えてしまいます。退職金規程で解雇を会社都合にしているのは、リストラなど会社側の都合で解雇せざるを得ないケースを想定しています。しかし、実務上ではこのようなケースが起こります。

### ◆温情の解雇を自己都合退職にするには

そのため、Q 13でも少し触れましたが、中小企業の退職金規程では「定年退職」と「中途退職」の２区分にしておき、リストラなど真に会社都合の解雇の場合に定年退職として取り扱う旨を記載しておくことが大切です。

あるいは、退職金規程上での解雇を「会社の都合による解雇」「本人の責に起因する事由による解雇」の２種類にわけて、前者は定年退職と同等、後者は自己都合退職と同等に区分する方法もあります。

【図表 109　懲戒解雇と退職金】

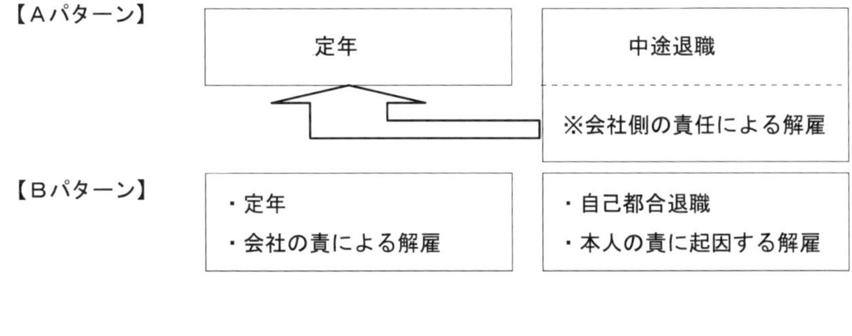

## Q74 退職金支給後に不正が発覚したときの対応は

**A** ① 退職金規程に定めがあれば、在職中の不祥事が退職後に発覚した場合でも、退職金を減額したり不支給にすることができます。

② 退職金支給後に不祥事が発覚した場合の返還義務や、調査期間中は退職金の支給を留保するなど、さまざまなケースを想定した退職金規程の整備が重要です。

---

### ◆退職後に不祥事が発覚するタイミング

在職中には見つからなかった退職者の不法行為が退職後に発覚することがあります。例えば、架空請求など担当者がかわったことにより過去の不法行為が発覚するケースなどです。

この場合は、①退職後、退職金の支給前に発覚するケース、②すでに退職金を支給してしまってから発覚するケース、の２通りが考えられます。

### ◆退職金の支給期限までに発覚したときは

退職金を退職日ではなく、翌月末日などに支給することにしている会社も多いと思います。

退職後に不祥事が発覚したケースでは、退職金の不支給や減額要件に「在職中の行為で懲戒解雇に相当する行為があったとき」や「在職中の行為で減額要件に該当する行為があったとき」などがきちんと記載されているかが重要です。

これらの在職中の行為に対する不支給や減額要件が退職金規程に定めてあれば、退職金を不支給にしたり、減額することは可能です。反対に、規程に定めがないと、退職金の不支給や減額は無効になる可能性が高くなります。

### ◆すでに退職金を支給しているときは

すでに退職金を支給してしまっている場合でも、退職金規程に前述の記載があれば理論上は退職金を不支給や減額にすることもできると考えられています。この場合は、多く支給してしまった退職金を本人から返還してもらわなければなりません。

しかし、実務上はいったん支給してしまった退職金を返金してもらうのは困難が伴います。少なくとも、規程に返還の根拠となる条文、例えば「退職金の支給後に退職金の不支給や減額に該当する事実が発見された場合は、会社は支給した退職金の返還を当該社員に求める」などを設けておくほうが本人との交渉がしやすくなるでしょう。

### ◆退職金の支給期限が迫っているときは

退職金も賃金の一部であることは何回か説明しましたが、そのため退職金規程で支給日を定めていると、その日に支払う義務が発生します。

不法行為の発覚するタイミングによっては、その事実関係を調査している間に支給日が来てしまうこともあります。いったん支払ってしまった退職金を取り戻すのは、理論上は可能ですが実務上はそう簡単にはいきません。そのため、できれば退職金の支払いをいったん保留にしたいところです。

退職金の支給日を変更するためには、退職金規程に「退職金の不支給や減額要件に該当する可能性があり、調査期間が必要な場合は調査が終了するまで支払いを留保する」旨の記載が必要です。

### ◆退職金の支給を本人から要求されたとき

労働基準法により、退職後に本人から請求があった場合は、賃金の支給日になっていなくても７日以内に賃金を支払う義務があります。しかし、退職金は、退職金規程であらかじめ特定されている日までは支払わなくてかまいません。

この部分は就業規則や賃金規程に記載していることが多いですが、誤解を招かないように、「退職金はこの対象賃金には該当しない」旨を記載しておくことをおすすめします。

【図表 110　退職後の不祥事の発覚のタイミングと対応例】

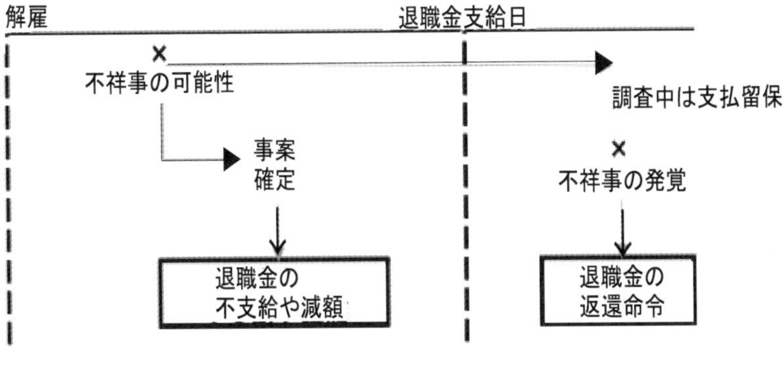

# Q75 ライバル会社に入社しても退職金を返金させられないってホント

**A** ① 退職金規程に返還義務が定められていれば、支給した退職金の全額または一部の返還請求ができます。

② 返還額は在職中の貢献度と競業避止の悪質性等を総合判断してから決定します。

---

### ◆競業避止義務違反と退職金の関係

退職後、ライバル会社へ転職した場合には退職者の退職金を不支給にすることはできるのでしょうか。

退職金は、従業員に対して法的な支給義務があるものではありません。このため、「競業避止義務に違反した場合に退職金を不支給や減額する」と定めておくことは可能です。

競業避止義務は憲法で保障されている「職業選択の自由」との兼ね合いでかならず認められるものではないですが、退職金はそもそも会社から従業員に対しての付加給付ですので、これを減額することにより「職業選択の自由」を侵害したとは考えにくいのです。

退職後すぐに競業避止義務に違反する退職者はあまりおらず、多くの場合は退職金を支給した後に競業避止義務違反が発覚します。退職金を支給した後に競業避止義務に違反したときは、在職中の不法行為が退職後に発覚したとき（Q74参照）と同様に、退職金規程に定めがあればいったん支給した退職金を返還してもらうことも可能です。

ただし、そもそも退職後の競業避止義務を定めていない場合や、競業避止義務に違反した場合に退職金を不支給や減額にすることを定めていないのであれば、不支給や減額にする根拠がありませんので、不支給や減額が無効になる可能性が高いでしょう。

### ◆退職金を全額不支給にするには

それでは競業避止義務に違反したときは、退職金を全額不支給にすることができるのでしょうか。一般的には、競業避止義務違反だけではなく、その行為が会社の経営基盤を揺るがす程度の不法行為が成立しないと困難と考えられています。

退職金には退職後の責務に関する対価だけではなく、在職中の貢献への対価も含まれています。そのため、競業避止義務に違反したことによる会社や他の従業員へ及ぼす影響が、他の不法行為であれば懲戒解雇に相当する程度であるか否かが１つの判断基準となるでしょう。

判例でも、「就業規則に競業避止義務違反の場合は退職金を不支給とする規定があり、なおかつ本人のみならず他の従業員も含めて大量引き抜きにかかっている同業他社へ再就職した」ケースでは、会社が起こした退職金の全額返還の訴えが認められています（福井地判　昭62.6.19)。

**◆競業避止義務違反のときの減額の基準**

それでは競業避止義務に違反したときの減額基準は、どのように決めればよいでしょうか。

この場合は、本人の在職中の会社に対する貢献と競業避止義務に違反したことによる会社や他の従業員への影響を総合的に勘案し、減額幅を決定します。そのためケースによって異なりますので、いちがいにどの程度とはいえませんが、最大で７割程度、通常は５割の減額が一般的なようです。

これ以上の減額は、ケースにもよりますが過大な減額として無効になる可能性があります。なお、退職金規程で減額幅を定めているときは、それを超えた減額はできません。

**【図表111　競業避止義務に違反したときの退職金の減額基準】**

①　退職に至った経緯や目的
②　在職中の会社に対する貢献度
③　競業避止違反による他の従業員への影響
④　競業避止違反により会社が被る損害の度合い　など

**【図表112　競業避止義務と退職金の減額の関係】**

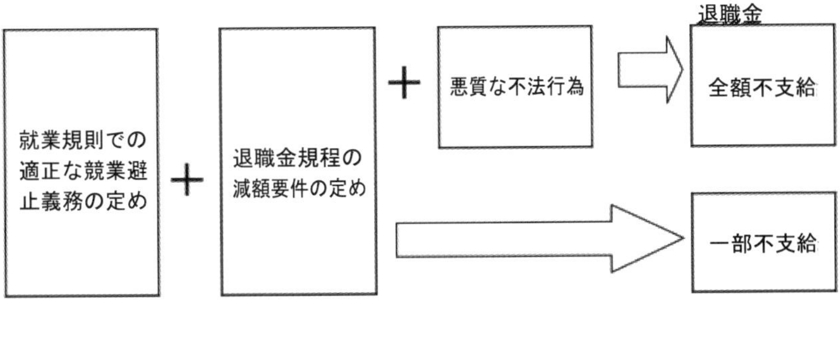

# Q76 有給休暇の買取りや解雇予告手当は退職金ってホント

A ① 有給休暇の買取りや解雇予告手当は、労働の対価ではありません。
② この２つは原則としては「退職所得」ですが、有給休暇を時効消滅時などにも買い取っていると給与所得と判断されることがあります。

**◆有給休暇の買取りや解雇予告手当は労働の対価ではない**

Q68のように退職時に有給休暇の買い上げをしたときの買取り費用や、従業員をやむを得ず解雇する場合に支払わなければならない解雇予告手当はどう取り扱えばよいでしょうか。この２つに共通しているのは、労働の対価ではなく、退職（解雇）に伴って支給されるものであることです。

在職中に取得する有給休暇であれば、労働日に勤務しない代わりに取得するので明らかに労働の対価です。しかし、有給休暇の買取りは退職しなければ発生しなかった金銭なので、労働の対価には該当しません。

解雇予告手当は、即日（あるいは30日前未満）で解雇する代わりに、その不足した日数を金銭で支払うものです。

解雇予告手当の対象期間は、予告されていれば勤務しているはずなので労働の対価と感じますが、実際には勤務しないのでこれも労働の対価にはあたりません。

**◆労働保険料や社会保険料の賃金や報酬の定義は**

図表113や図表114のように、厚生労働省が示している労働保険料や社会保険の算定対象となる賃金や報酬の一覧表でも、解雇予告手当は明確に賃金や報酬に算入しないと決められています。

有給休暇の買取り費用は、図表113では「退職金（退職を事由として支払われるものであって、退職時に支払われるもの)」に、図表114でも「臨時的、一時的に受けるもの」に当たるため、「賃金ではない」と考えて差し支えないでしょう。

**◆有給休暇の買い取りや解雇予告手当の税務上の取扱いは**

解雇予告手当や有給休暇の買取り費用の税務上の取扱いはどうでしょうか。

所得税法の「退職所得」は、次のように定義されています。

【図表 113　労働保険料の算定基礎となる賃金一覧表（例示）】

| 賃金総額に算入するもの |
|---|
| 基本給・固定給等基本賃金／超過勤務手当・深夜手当・休日手当等／扶養手当・子供手当・家族手当等／宿、日直手当／役職手当・管理職手当等／地域手当／住宅手当／教育手当／単身赴任手当／技能手当／特殊作業手当／奨励手当／物価手当／調整手当／賞与／通勤手当／定期券・回数券等／休業手当／雇用保険料その他社会保険料（労働者の負担分を事業主が負担する場合）／住居の利益（社宅等の貸与を受けない者に対し均衡上住宅手当を支給する場合）／いわゆる前払い退職金（労働者が在職中に、退職金相当額の全部又は一部を給与や賞与に上乗せするなど前払いされるもの） |
| **賃金総額に算入しないもの** |
| 休業補償費／結婚祝金／死亡弔慰金／災害見舞金／増資記念品代／私傷病見舞金／解雇予告手当（労働基準法第 20 条の規定に基づくもの）／年功慰労金／ 出張旅費・宿泊費等（実費弁償的なもの）／制服／会社が全額負担する生命保険の掛金／財産形成貯蓄のため事業主が負担する奨励金等（労働者が行う財産形成貯蓄を奨励援助するため事業主が労働者に対して支払う一定の率又は額の奨励金等）／創立記念日等の祝金（恩恵的なものでなく、かつ、全労働者又は相当多数に支給される場合を除く）／チップ（奉仕料の配分として事業主から受けるものを除く）／住居の利益（一部の社員に社宅等の貸与を行っているが、他の者に均衡給与が支給されない場合）／退職金（退職を事由として支払われるものであって、退職時に支払われるもの又は事業主の都合等により退職前に一時金として支払われるもの） |

【図表 114　社会保険料の算定対象となる報酬一覧表（例示）】

| | 報酬となるもの | 報酬とならないもの |
|---|---|---|
| 通貨で支給されるもの | 基本給（月給・週給・日給など）／諸手当（残業手当、通勤手当、住宅手当、家族手当、役付手当、休業手当など）／賞与・決算手当（年４回以上支給されるもの）など | 事業主が恩恵的に支給するもの（病気見舞金、災害見舞金、結婚祝金など）／公的保険給付として受けるもの（傷病手当金、休業補償給付、年金など）／臨時的、一時的に受けるもの（大入袋、解雇予告手当、退職金など）／実費弁償的なもの（出張旅費、交際費など）／年３回まで支給されるもの（賞与など（年３回以下支給されるものは標準賞与額の対象となる）） |
| 現物で支給されるもの | 通勤定期券・回数券、食事・食券、社宅・独身寮、被服など<br>※定期券代などは、消費税を含めた額を報酬として算入します。 | 食事（本人からの徴収金額が現物給与の価額の 2/3 以上の場合）／社宅（本人からの徴収金額が現物給与の価額以上の場合）／制服・作業衣などの勤務服など |

> 退職所得とは、退職手当、一時恩給その他の退職により一時に受ける給与やこれらの性質を有する給与をいう（所得税法 30 条）

つまり、退職所得として課税される退職手当とは、「退職しなかったとしたならば支払われなかったもので、退職したことに基因して一時に支払われることとなった給与（所得税法基本通達 30 － 1）」を指します。

ここでも、労働基準法による解雇予告手当は退職所得にすると明確に定められています（所得税法基本通達 30 － 5）。退職時の有給休暇の買取り費用については「有給買い取りが退職時のみとしている企業は、その分の金額を退職手当として扱う」との見解が出ています。

なお、通常２年で時効により消滅する有給休暇も買い上げをしている会社は、「退職しなかったとしたならば支払われなかったもの」にあたらず、給与所得と判断される場合がありますので注意が必要です。

# Q77 退職金から天引できるのは

**A** ① 退職金から控除できるのは、原則として所得税と住民税だけに限られます。

② 本人の自由な意思に基づく同意があれば、貸付金等も控除可能です。

---

### ◆退職金から天引できるのは

退職金は労働基準法上の賃金にあたります。賃金は全額を支払う義務がありますので、原則的には源泉所得税や住民税以外は控除できません。

### ◆貸付金など会社への負債があるとき

退職時に会社から貸付をしていて負債が残っている場合でも、退職金と相殺はできません。しかし、本人が自由な意思に基づいて希望しているのであれば、相殺してもかまいません。また、その負債を控除する労使協定があれば、その項目については控除することが可能です。

このどちらでもない場合は、退職金を全額支払い、その後、本人から返金してもらうしかありません。実務上は、このような場合は退職金を現金で支払い、その場で負債を返金してもらうことが多いようです。

### ◆不祥事の損害賠償は

不祥事により解雇された場合で会社に損害を与えているケースなど、損害賠償を請求したいこともあります。この場合の損害賠償は退職金の減額要件とは別物です。退職金の減額要件は退職金を決定する前のものです。損害賠償は、実際の損害に対する賠償を要求し、退職者がそれに合意するか、裁判などで損害賠償額を確定させなければなりません（図表 115）。

そのため、使用者が一方的に損害賠償額を定めて退職金から控除することはできません。

【図表 115　退職金から控除できるもの】

| | |
|---|---|
| 源泉所得税<br>住民税 | ⇨ 控除可 |
| 貸付金 | ⇨ 本人の同意または労使協定で控除可 |
| 損害賠償金 | ⇨ 賠償額が確定していて本人が同意していれば可 |

# Q78 退職金の税金の計算は

**A** ① 退職所得申告書の提出の有無により、計算方法が異なります。
② 退職所得申告書を提出している場合は、退職所得控除を受けられます。
③ 会社と中退共から支給する場合など、特殊なケースは注意が必要です。

---

## ◆退職金の税金は

「退職所得の受給に関する申告書（退職所得申告書）」を提出している場合の退職金の所得税や住民税の計算方法は、図表116のとおりです。

【図表116 退職金の所得税と住民税の計算式】

・退職金の所得税＝退職所得金額（退職金支給額－退職所得控除）×1/2（※１）×所得税率×102.1％（※２）
ただし、退職所得計算上の勤続年数が５年以下で、退職所得金額が300万円を超える場合は次の計算となります。
・退職金の所得税＝退職所得金額（150万円＋退職金支給額－退職所得控除－300万円）（※１）×所得税率×102.1％（※２）
※１：1,000円未満の端数切捨て
※２：１円未満の端数切捨て

・退職金の住民税＝退職所得金額（退職金支給額—退職所得控除）×1/2（※１）×税率（10％）
・10％の税率の内訳は、市町村民税６％、都道府県民税４％
・市町村民税と都道府県民税は別々に計算し、それぞれ100円未満の端数は切捨てます

## ◆退職金の所得控除額とは

退職金の所得税や住民税を計算するときの退職所得控除の計算方法は、図表117のとおりです。

【図表117 退職所得控除の計算式】

| 勤続年数 | 退職所得控除額 |
|---|---|
| 20年超 | 800万円＋70万円×（勤続年数－20年） |
| 20年以下 | 40万円×勤続年数（80万円に満たない場合は、80万円） |

注：勤続年数に端数が出た場合には、繰り上げて１年とします。

## ◆退職金の所得税率は

退職金の所得税を計算するときの税率は、図表118の速算表を用いて求めます。なお、平成25年１月より、所得税を計算した後に復興特別所得税

（2．1％）が加算されており、速算表の税額の欄は復興特別所得税を含めた計算式になっています。

【図表 118　所得税額速算表】

| 退職所得の源泉徴収税額の速算表 | | | |
|---|---|---|---|
| 課税退職所得金額(A) | 所得税率(B) | 控除額(C) | 税額＝((A)×(B)−(C))×102.1% |
| 195万円以下 | 5% | 0円 | ((A)×5%)×102.1% |
| 195万円を超え　330万円以下 | 10% | 97,500円 | ((A)×10%−97,500円)×102.1% |
| 330万円を超え　695万円以下 | 20% | 427,500円 | ((A)×20%−427,500円)×102.1% |
| 695万円を超え　900万円以下 | 23% | 636,000円 | ((A)×23%−636,000円)×102.1% |
| 900万円を超え　1,800万円以下 | 33% | 1,536,000円 | ((A)×33%−1,536,000円)×102.1% |
| 1,800万円超 | 40% | 2,796,000円 | ((A)×40%−2,796,000円)×102.1% |

◆所得税と住民税の計算例は

それでは、実際に退職金の所得税と住民税を計算してみましょう。今回は、退職所得申告書を提出している２つのモデルケースについて計算してみました。計算例は、図表 119 のようになります。

【図表 119　退職所得申告書を提出した場合の計算例】

①　20 年間勤務し、退職金が 900 万円の場合
- 退職所得控除額＝40 万円 ×20 年（勤続年数）＝800 万円
- 課税対象額＝(900 万円－800 万円）×2 分の 1 ＝50 万円
- 所得税額（復興特別所得税を含む)＝50 万円 ×5%×102. 1%＝25, 525 円
- 住民税額＝50, 000 円
  - 都道府県民税＝50 万円 × ４％＝20, 000 円
  - 市町村民税＝50 万円 × ６％＝30, 000 円

②　39 年 3 か月勤務し、退職金が 38, 555, 000 円の場合
- 退職所得控除額＝800 万円＋70 万円 ×（40 年－20 年)＝2, 200 万円
- 課税対象額＝(38, 555, 000 円－2, 200 万円）×2 分の 1 ＝8, 277 千円（1, 000 円未満切捨て）
- 所得税額（復興特別所得税を含む)＝(8, 277 千円 ×23%－636 千円）×102. 1% ＝1, 294, 331 円（１円未満切捨て）
- 住民税額＝827, 600 円
  - 都道府県民税＝8, 277 千円 × ４％＝331, 000 円（100 円未満切捨て）
  - 市町村民税＝8, 277 千円 × ６％＝496, 600 円（100 円未満切捨て）

◆退職金の税金の計算での注意点は

退職金の税金を計算するときは、次のような点に注意しなければなりません。

① 障害者になったことが直接の原因で退職した場合の退職所得控除額は、図表112の方法により計算した額に、100万円を加えた金額になります。
② 前年以前に退職所得を受け取っていたり、同一年中に２か所以上から退職金を受け取ったときなどは、控除額の計算が異なることがあります。

中退共に加入しており、会社から支給する一時金と中退共から支給される退職金がある場合、同一年中に２か所以上から退職金を受け取ったときに該当します。

この場合は、両方の退職金額を合算した金額を退職金額とみなして、所得税と住民税を計算します。

後から支給する方が控除額の調整をしなければならないので、通常は中退共が支払う前に、会社が退職金を支給します。

### ◆退職所得申告書を提出していないときは

退職所得申告書を提出しない場合は、退職金額に一律20.42％（復興特別所得税を含む）を乗じた金額を所得税として控除します。

この場合は、本人が退職した翌年に確定申告をして所得税の清算をすることになります。

住民税の退職所得申告書は、所得税の退職所得申告書と一体になっています。

そのため、未提出者は住民税の退職所得申告書も提出していないことになりますが、住民税は退職所得申告書の提出がなくても、原則として退職所得申告書があったときの計算方法と変わりません。

念のため、申告書の提出がないときは、退職者の居住する市区町村に確認ください。

【図表120　退職所得申告書の提出がないときの計算例】

・退職金の所得税＝退職金額（支給額）×20%×102.1%（※１）
　※１：１円未満の端数切捨て

・退職金の住民税＝退職所得金額（退職金支給額―退職所得控除）×１／２（※１）×税率（10%）（※３、４）
　※３：10%の税率の内訳は、市町村民税６％、都道府県民税４％で別々に計算
　※４：市町村民税と都道府県民税は、それぞれ100円未満の端数切捨て

# Q79 退職金の税金の納付は

**A** ① 所得税と住民税のそれぞれを退職金支給日の翌月10日までに納付します。

② 納期の特例を受けている場合は、所得税は1月か7月、住民税は6月か12月に納付します。

③ 住民税は、納入申告書の提出が必要です。対象となる市区町村で給与の特別徴収をしていない場合も、退職金分の住民税は会社が納付します。

### ◆所得税の納付方法

退職金から源泉徴収した所得税（復興特別所得税を含む）は、実際に退職金を支払った月の翌月10日までに給与や賞与の源泉所得税と一緒に税務署へ納付します。納付書の「退職手当等」の欄に、支給額や税額の記載を忘れないようにしましょう。

ただし、給与の支給人員が常時9人以下の会社で、1月と7月にまとめて半年分を納付する納期特例の承認を受けている場合は、1月または7月に納付すればかまいません。

### ◆住民税の納付方法

退職金から源泉徴収した住民税も、所得税同様に実際に退職金を支払った月の翌月10日までに、給与で控除した住民税と一緒に市区町村へ納付します。この退職金の住民税の納付は本人が納付することはできないので、給与で住民税の控除をしていない場合でも、退職金だけは特別徴収をします。

納付先は、退職日の属する年の1月1日に退職者が居住していた市区町村です。退職金の支払日が基準ではありませんので注意してください。

なお、その市区町村で納期特例の承認を受けている場合は、6月または12月に納付すればよいのです。

住民税は退職金の納入申告書（通常は「給与等に係る特別徴収税額の納入書」の裏面にあります）の提出と、納入書の「退職所得分」欄への記載が必要です。

納付先になる市区町村で給与の特別徴収をしていない場合は、各市区町村から納入申告書と納入書を取り寄せる必要があります。

# Q80 退職所得申告書への個人番号(マイナンバー)の記載は

**A** ① 退職所得申告書へは個人番号の記載が必要です。

② 個人番号を記載した退職所得申告書を受け取るときは、「番号確認」と「身元確認」を行わなければなりません。

---

◆退職所得申告書の個人番号の記載と確認方法

「行政手続における特定の個人を識別するための番号の利用等に関する法律」が施行され、平成28年1月より「退職所得の受給に関する申告書（退職所得申告書）」に個人番号を記載することになりました。

会社が個人番号を取得する際は、①正しい番号であること（番号確認）、②現に手続を行っている者が番号の正しい持ち主であること（身元確認）の２つを確認する必要があります。

退職者に退職所得申告書を提出してもらうときも、この番号確認と身元確認をしなければなりません。

従業員が個人番号カードを提示した場合は、番号確認と身元確認は両方したことになります。

しかし、通知カードや住民票の写しなど顔写真のないもので個人番号を提示した場合は、番号確認だけしかできません。

そのため、通知カード等のほかに、身元確認を行うため運転免許証やパスポートなどの提示をしてもらう必要があります。

【図表121 個人番号の確認のためのパターン】

① 個人番号カード（番号確認と身元確認）
② 通知カードや個人番号記載の住民票の写し（番号確認）と運転免許証やパスポートなど（身元確認）

ただし、例外として、雇用関係にあることなどから、「本人に相違ないことが明らかに判断できる」と個人番号利用事務実施者（会社）が認めるときは、身元確認を省略することができます。

# Q81 個人番号(マイナンバー)の記載を省略するには

**A** ① すでに提供を受けた個人番号と相違ない旨を記載すれば退職所得申告書への個人番号の記載が省略できます。

② 要件を満たした一定の帳簿を備えることでも個人番号を省略することができます。

③ 個人番号を省略する根拠となった書類の保管期限に注意が必要です。

**◆個人番号の記載を省略する方法①**

会社に提出する「退職所得の受給に関する申告書（退職所得申告書）」には、個人番号を記載しなければなりませんが、すでに会社が従業員の個人番号を取得しているケースも少なくありません。

このような会社に対しては、例外が認められています。会社と従業員間での合意が前提ですが、退職所得申告書の余白に「個人番号は会社に提供済みの個人番号と相違ない」旨を記載した上で、会社がすでに提供を受けている個人番号と確認をした旨を表示すれば、退職所得申告書そのものには個人番号を記載する必要はありません。

なお、会社がすでに提供を受けて保管している個人番号と、個人番号の記載を省略した退職所得申告書は、適切かつ容易に紐づけられるよう管理しておく必要があります。

**◆個人番号の記載を省略する方法②**

上記①の方法のほかに、平成29年1月1日以後に支払いを受けるべき退職金に関する退職所得申告書は、会社が従業員等の個人番号を記載した一定の帳簿を備え付けていれば、その帳簿に記載されている従業員の個人番号の記載を省略することができます。

この場合は、単純に記載を省略できますので、①の方法のように余白に文章を記載する必要もありません。

ここでいう「一定の帳簿」とは、図表122にある申告書の提出を受けて会社が作成した帳簿に限ります。

また、帳簿の記載内容についても指定されており、少なくとも図表122の項目は必ず記載されていなければなりません。

【図表 122　個人番号の記載を省略する一定の帳簿のもとにできる書類】

① 給与所得者の扶養控除等申告書
② 従たる給与についての扶養控除等申告書
③ 退職所得の受給に関する申告書（退職所得申告書）
④ 公的年金等の受給者の扶養親族等申告書

【図表 123　個人番号の記載を省略する一定の帳簿に最低限記載する項目】

① 退職所得申告書に記載されるべき提出者本人の氏名、住所および個人番号
② 帳簿の作成に当たり提出を受けた申告書の名称
③ その申告書が提出された年月

なお、この一定の帳簿はかならずしも紙に限定されているわけではなく、データ等の電磁的記録でも認められています。

データ等の電磁的記録による帳簿を備え付ける場合には、備え付けを開始する日の３か月前の日までに所轄税務署に対して「国税関係帳簿の電磁的記録等による保存等の承認申請書」を提出し、承認を受けなければなりません。

### ◆個人番号の記載を省略したときの注意点

正しい手段で個人番号の記載を省略した退職所得申告書であっても、税務署から提出を求められたときは、その申告書に個人番号を付記しなければなりません。

また、退職所得申告書は、退職金支払日から７年後の翌年１月 10 日まで保管する義務があります。

退職所得申告書への個人番号の記載を省略した場合は、その根拠となった書類も同じ期限まで保管してください。

【図表 124　退職所得申告書の保管期限まで保管が必要な書類等】

① 退職所得申告書に容易に紐付けられる会社がすでに提供を受けていた個人番号
② 個人番号を記載した一定の帳簿（電磁的記録を含む）
③ 一定の帳簿を作成するためにもととなった申告書等

# Q82 退職所得の源泉徴収票の記載は

**A** ① 退職所得の源泉徴収票は、退職後１か月以内に交付しなければなりません。

② 税務署や市区町村へ提出する必要があるのは、法人の役員等だけです。

### ◆源泉徴収票の作成は

退職金を支給する場合は、「退職所得の源泉徴収票」と「特別徴収票」を作成し、退職後１か月以内に退職金を受け取るすべての退職者に交付しなければなりません。

退職者に交付する源泉徴収票と特別徴収票は１枚で両方を兼ねています。この退職所得の源泉徴収票はあらかじめ退職者の承諾を得るなど、一定の条件を満たせば電磁的記録で交付することも可能です。

なお、死亡退職の場合は「退職手当金等受給者別支払調書」を提出しますので、源泉徴収票と特別徴収票は必要ありません。

### ◆源泉徴収票の税務署と市区町村への提出は

従業員に対する退職金については、源泉徴収票を税務署や市区町村に提出する必要はありません。

ただし、法人の役員等（Q92 参照）の場合は、税務署へ「退職所得の源泉徴収票」、市区町村へは「特別徴収票」をそれぞれ１枚提出しなければなりません。

【図表 125　退職所得の源泉徴収票の記載例】

令和　6　年分　退職所得の源泉徴収票・特別徴収票

| | | |
|---|---|---|
| 支払を受ける者 | 個人番号 | 9 8 7 6 5 4 3 2 1 0 9 8 |
| | 住所又は居所 | 東京都文京区○○1－2－3 |
| | 平成6年1月1日の住所 | 東京都文京区○○1－2－3 |
| | 氏名 | （役職名）　○山　×夫 |

| 区分 | 支払金額 | 源泉徴収税額 | 特別徴収税額 市町村民税 | 特別徴収税額 道府県民税 |
|---|---|---|---|---|
| 所得税法第201条第1項第1号並びに地方税法第50条の6第1項第1号及び第328条の6第1項第1号適用分 | 38,555,000 | 1,294,331 | 496,600 | 331,000 |
| 所得税法第201条第1項第2号並びに地方税法第50条の6第1項第2号及び第328条の6第1項第2号適用分 | | | | |
| 所得税法第201条第3項並びに地方税法第50条の6第2項及び第328条の6第2項適用分 | | | | |

| 退職所得控除額 | 勤続年数 | 就職年月日 | 退職年月日 |
|---|---|---|---|
| 22,000,000 円 | 40 年 | 昭和59年11月16日 | 令和6年1月31日 |

（摘要）

| | | |
|---|---|---|
| 支払者 | 個人番号又は法人番号 | 1 2 3 4 5 6 7 8 9 0 1 2 3（右詰で記載してください。） |
| | 住所（居所）又は所在地 | 東京都台東区○○1－2－3 |
| | 氏名又は名称 | ○○株式会社　（電話）03-1234-5678 |

（税務署提出用）

整理欄　①　②

なお、従業員や法人の役員等に交付する源泉徴収票等には個人番号を記載しませんが、税務署や市区町村へ提出する源泉徴収票等については、個人番号の記載を省略することはできません。

# Q83 退職金はいつまでに支払えばいい

A ① 退職金規程で支給日が明確になっていれば、本人の請求があっても７日以内に支払う義務は免除されます。

② 退職金の支給日にどうしても支給が困難な場合を想定して、退職金規程の記載方法を工夫しておくことをおすすめします。

## ◆賃金は請求後７日以内に支払う義務がある

賃金は、通常、退職後に本人から請求があると、通常の支払日がまだ先であっても、請求から７日以内に支払う義務があります。もしこの期日までに支払わない場合には、会社は労働基準法第23条の違反に問われます。

退職金も、就業規則や労働契約などによってあらかじめ支給条件等が明確になっていれば賃金に該当します。そのため、労働基準法第23条の適用を受け、素直に考えれば本人から請求があれば請求後７日以内に支払いを行わなければならないことになります。

## ◆退職金は請求があっても規程等に定められた日に支払えばよい

しかし、退職金は給与や賞与とは違い金額が多額となりますので、退職者から請求されて７日以内に支払うことは困難なケースもあります。そのため、退職金の支払時期が就業規則や退職金規程などで明確に定められていれば、労働者の請求があってももともと定められていた日に支給すればよいと解されています。

したがって、退職後に労働者から賃金の支払請求があったときは、７日以内に給与や賞与などで支払いが確定しているものだけを支払い、退職金だけはもともとの支給日、例えば退職日の翌月末日に支給すればよいことになります。

## ◆退職金の支給日が不明確だと

もし、就業規則や退職金規程に退職金の支払時期について明記されていなかった場合はどうなるでしょうか。

この場合は、これまでの退職者に退職金をどのタイミングで支払ってきたのか、そのタイミングが一定であれば、その支給日がもともとの支給日と考えられるでしょう。しかし、慣例で支払ってきた退職金の支給するタイミングが人によって異なっていて、支給日がよくわからないような場合では、やはり「退職後に本人の請求があってから７日以内」に支払う義務が生じることになります。

労働基準法第89条では、就業規則等において退職金の定めをする場合は、①適用される労働者の範囲、②退職手当の決定・計算および支払いの方法、③退職手当の支払いの時期、に関する事項を定めなければならないと定めています。

法律の上からも、また退職者から７日以内に支払うように請求されてあわてることのないように、退職金規程に退職金の支払時期を明確に定めておくことが大切です。

**◆支給日の延期は**

退職金規程で支払時期が明確になっていたとしても、資金繰りの都合上、その日に支払うのが困難なケースも考えられます。このような事態にならないように、常日頃から退職金の資金準備の手段を講じておくのはもちろんですが、会社を経営していくうえでは、急な設備投資資金の発生など、さまざまなことが想定されます。

そのため、退職金の支給時期については、「あらかじめ定めた支給期日を延期することがある」などの定めを設けておくほうがベターです。

ただし、そういった場合は、「○○の場合には○か月延期する」あるいは「退職の日から○日後に退職金額の２分の１、○か月後に残りの全額を支払う」などと具体的に記載する必要があるとされています。

実務上は、どうしても期日に全額を支払うのが困難なときは、本人の同意を得て実施することが多いようです。

**【図表126　退職金の支払時期】**

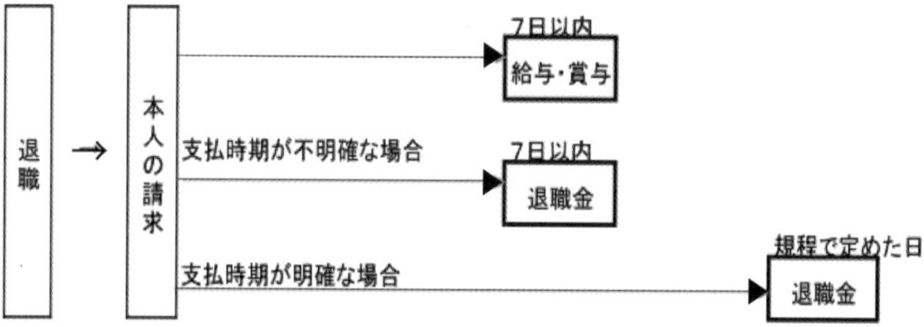

# Q84 退職金は分割で支払えないってホント

**A** ① 退職金規程に分割の定めがあれば、分割払いで支給することもできます。

② 長期間にわたる分割は税務上不利益となることがあるので避けましょう。

---

◆退職金の分割払いはできる

退職金は、もともと年金で支払うケースもあり、かならずしも1回で全額を支給するとは限りません。

しかし、労働基準法では「賃金は、その全額を支払わなければならない（賃金の全額払いの原則）」と定めており、退職金もこの原則が適用されます。当初から年金で支給することになっているケースは別ですが、退職金を一時金で支給することになっているのであれば、本来は1回で全額を支給しなければなりません。

ただし、あらかじめ退職金規程で「退職金を分割して支払う」旨の定めをしていれば、分割して支払うことができます。分割できる回数は、「6か月以内の分割であれば有効（久我山病院事件：東京地判　昭和35.6.13)」との判例もありますが、この場合は「退職の日から○日後に退職金額の半分、○か月後に残額を支払う」などと具体的に分割方法を定めておく必要があるとされています。

◆税務上退職所得にならないケースも

退職金をどうしても分割せざるを得ない場合は、本人と支払方法に関する合意をきちんと書面で残しましょう。

また、退職金はほかの賃金と違い、小切手での支払いが認められています。分割する場合は、小切手の活用も有効です。

なお、分割の期間が長期間に及ぶ場合は、税務上、退職所得になる退職一時金ではなく、「退職年金」とみなされる可能性があります。

会社の都合でやむを得ず分割せざるを得ないときの退職金の分割払いは、退職者の好意で了解してもらっているものです。できるだけ本人が不利益にならないように、短期間で全額を支払えるように配慮しましょう。

# Q85 退職金を代理人に支払えないってホント

**A** ①　退職金は本人または使者にしか支払うことができません。
②　使者は本人の代わりに受け取りに来る人ですので、使者の口座への振込みは認められません。

### ◆退職金を支払ってもよい使者とは

賃金の１つである退職金は、本人に直接支払うことが労働基準法で義務づけられています。ただし、例外として、使者に支払うことは差し支えありません。

それでは、使者にあたる人とは誰でしょうか。行政解釈では、本人に支払うのと同じ効果があるような人で、なおかつ本人が受け取りに来られない事情がある場合に限られます。例えば本人が入院しており、妻子が本人の代わりに受け取りに来た場合などが該当します。

これ以外の場合は代理人になりますので、たとえ本人の委任状を持ってきたとしても退職金を渡してはいけません。また、妻子であっても本人が受け取りに来られない事情がない限りは、支払わないほうがよいでしょう。

### ◆債権者が取りに来たときは

退職金を担保にして借金をしている場合も同様です。行政官庁や裁判による差し押さえを除き、第三者に退職金を渡してはなりません。たとえ本人からの申し入れでも、会社はかならず本人に支払う必要があります。

最近は現金手渡しより、銀行振込みが一般的です。本人名義の銀行口座に振り込めば、使者か代理人かで頭を悩ませる必要もありません。

【図表127　退職金の支払先】

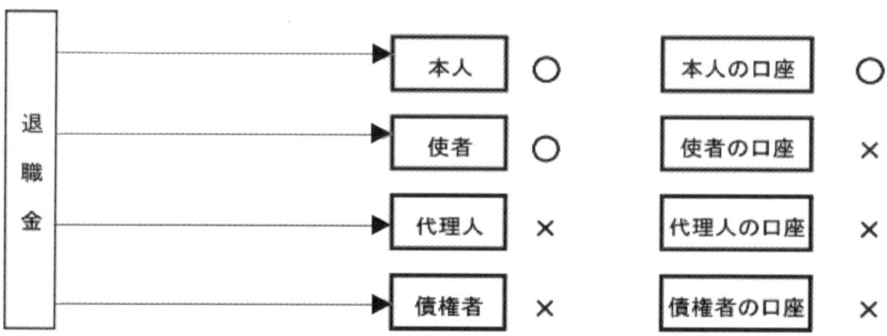

# Q86 死亡した従業員への退職金はどうすればいい

**A**
① 死亡退職金は、退職金であっても相続財産になります。
② 相続財産は、所得税や住民税の控除をしません。
③ 民法の遺産相続人の順位に従って支払先を決めますが、退職金規程で支払順位を定めていれば、この順位が優先されます。

## ◆死亡退職金は退職所得ではない

死亡退職の場合の退職金は、税務上、退職所得にはあたらず、相続財産とみなされます。死亡した退職者のほかの不動産や預貯金などと合算して、相続税の申告対象になります。

本人がすでに死亡していますので、Q78 で出てきた退職所得の受給に関する申告書（退職所得申告書）は受け取ることができません。

しかし、相続財産である死亡退職金は、Q78 の退職所得の税金や住民税の計算は不要なので、退職所得申告書の提出の有無はそもそも関係ありません。Q78 の計算は気にせず、退職金の全額を支払えばよいのです。

なお、給与や賞与も死亡日の後に支給期が到来するものについては、同じように相続財産となります。所得税の計算や支払先が異なりますので注意しましょう。

## ◆死亡退職金は誰に支払う

死亡退職金を受け取る本人がすでに死亡していますので、退職金を本人の銀行口座に振り込んではいけません。死亡退職金は、退職金規程で支払順序を定めていればそれに従い、支払順序を定めていない場合は民法上の遺産相続人に支払うことになります。

退職金規程で支払順序を定めている会社では、労災の遺族補償の順位にしているケースが多く見られます。労災の遺族補償の順位と、民法上の遺産相続人の順位は図表 128 のとおりです。

死亡退職金の支払先をめぐっては、ほかの遺族からクレームがつくこともあります。

正しい支払先であるか、受取人からかならず証明を出してもらうようにしましょう。

【図表128　民法の遺産相続人と労災の遺族補償の順位】

**【民法の遺産相続人】**

1. 死亡した社員の配偶者は常に相続人となる。
2. 配偶者以外の遺族は、次の順序で配偶者と一緒に相続人となる。
　＊第2順位、第3順位の相続人は、それぞれ上位の相続人がまったくいないときに相続人となる。
　1）第1順位　死亡した社員の子供
　　＊その子供が既に死亡しているときは、その子供の直系卑属（子供や孫など）が相続人となる。
　　＊子供も孫もいるときは、死亡した社員により近い世代である子供のほうを優先する。
　2）第2順位　死亡した社員の直系尊属（父母や祖父母など）
　　＊父母も祖父母もいるときは、死亡した社員により近い世代である父母のほうを優先する。
　3）第3順位　死亡した社員の兄弟姉妹
　　＊その兄弟姉妹がすでに死亡しているときは、その人の子供が相続人となる。

**【退職金規程等に定めがある場合】**

　自社の退職金規程等で別に定めている場合は、民法の遺産相続人の規定より、退職金規程等の定めを優先する。

**【労働基準法施行規則第42条の遺族補償の受給順位による場合】**

1. 遺族補償を受けるべき者は、労働者の配偶者（婚姻の届出をしなくとも事実上婚姻と同様の関係にある者を含む）とする。
2. 配偶者がない場合には、労働者の死亡当時その収入によって生計を維持していた者又は労働者の死亡当時これと生計を一にしていた者で、次に掲げる順序による。
　1）労働者の子
　2）労働者の養父母
　3）労働者の実父母
　4）労働者の孫
　5）労働者の祖父母

# Q87 退職金を支給する退職者と連絡が取れなくなったときの対応は

**A** ① 銀行振込みか供託すれば退職金の支払いが完了したことになります。

② ５年間会社で保管すれば退職金は時効になります。

### ◆本人が行方不明だと使者とは認められない

退職金を銀行振込みにしている会社では、退職金を支給するはずの退職者と連絡が取れなくなっても、本人名義の銀行口座へ振り込めばよいので、このような事態に遭遇しても問題はないかもしれません。

しかし、現金手渡しで支給する会社では、本人と連絡がとれなくなると退職金を支給することができません。仮に妻子が使者として受け取りに来たとしても、本人の意思が確認できないので使者と認めるのは困難です。

### ◆銀行振込み以外の方法は

このような場合では２通りの方法が考えられます。１つは会社に保管しておく方法です。会社の現金とは別に本人の退職金を準備しておき、受け取りに来るのを待つことが考えられます。ちなみに退職金の請求権は５年で時効となり、会社の支払義務は消滅します。

もう１つの方法は、法務局等へ退職金を供託する方法です。供託所へ供託すれば、会社は退職金を本人に支払ったものとみなされます。供託した退職金は本人が供託所から受領することになります。

【図表 129 本人が不明の場合の支払方法】

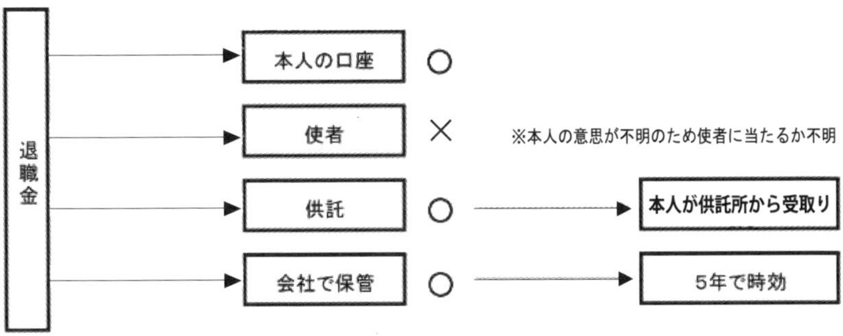

# Q88 経営者・役員の退職金の考え方は

**A** ① 中小企業では、役員退職金の支給を好む傾向にあるようです。

② 役員退職金は支給するまでの手順に会社法の規制があり、また、過大支給は税務上否認されることがあります。

③ 計画的に準備をすすめないと、資金が足りないこともあります。

---

### ◆近年の役員退職金の傾向

近年、大企業を中心に役員退職金の見直しや廃止をする企業が増えています。その多くの企業では、従来の退職金に代えて、業績に応じて報酬額が変動する業績連動型報酬を導入しています。つまり、役員退任時に退職金を支給するのではなく、年度ごとにその期の業績に応じて報酬を精算しようとしているのです。

大企業や株式を公開している企業では、株主への説明義務が強く求められるので、この考え方は理にかなっています。

しかし、中小企業では、①オーナー企業を中心に同一人物が長期間にわたって役員をつとめる傾向が強いこと、②年度ごとの業績の変動に対応するため資金を内部に留保しておきたいと考える傾向が強いこと、などからその期の業績に応じてすべて報酬として精算することは、あまり好まないようです。

また、税務上の取扱いは、役員退職金であっても基本的には従業員の退職金と変わらない「退職所得」になり、報酬で受け取るより税務上のメリットがあることも見過ごせません。

### ◆役員退職金には会社法の規制がある

雇用契約がない役員が退職したときの退職金は、経営者がいわば自分で自分にお金を支払うのと同じことになります。そのため、お手盛りの計算で過大な退職金が支給される可能性があります。

このような事態を防ぐため、会社法では会社が役員退職金を支給する場合には、株主総会でその金額等を決議しなければならないとしています。役員の退職金規程があるからといって、会社が勝手に役員に退職金を支給することはできません。

また、役員の場合、複数社の役員を兼任していたり、短期間だけ役員をつとめて退職金を受け取ることを繰り返すケースがあります。そのため、個人の所得にかかる退職所得には役員の退職金にだけ適用される特別なルールがありますので、注意が必要です。

### ◆損金計上が認められないことも

中小企業では、役員が株式の大多数を握っていることもよく見かけます。たとえ株主総会の決議を経て役員に退職金を支給したとしても、あまりにも過大な退職金を支給すると、法人の税務上、損金として認めてもらえないこともあります。

損金性を否認されると、経理処理していた事業年度でその金額分が利益に加算され、当然、その事業年度の法人税額も変わります。中小企業の役員退職金は、在任期間が長いことなどから高額になりやすいのに加え、損金性を否認されるほど過大な支給をしていたのですから、その税額も大きく変わることは言うまでもないでしょう。

### ◆役員退職金の資金を準備しておこう

定年がなく、また株主総会の決議を経ないと確定しない役員退職金は、従業員の退職金に比べて金額の想定が困難です。また、状況によっては退職金の支給自体がなくなることもあります。そのため、役員の退職金の資金準備の方法は限定されます。

とはいえ、従業員より高額になりやすい役員退職金は、いざ支給しようと思ったときにキャッシュがなくて支給できないこともおこります。支給の有無や時期、金額が不透明であっても、やはり計画的な準備が必要です。

**【図表130　大企業と中小企業の役員退職金の考え方】**

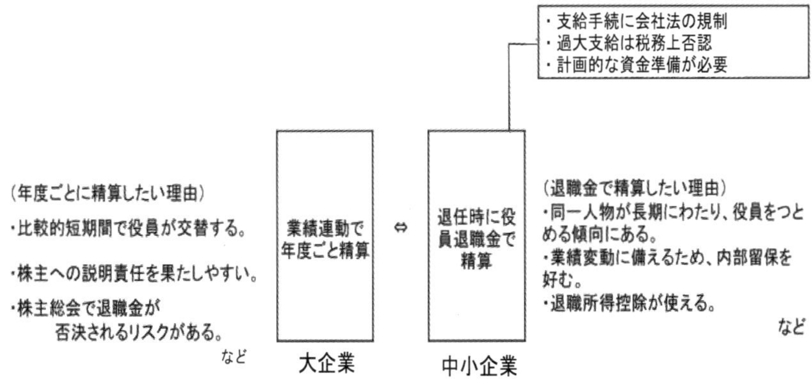

# Q89 役員退職金制度を始めるときの留意点は

**A** ① 役員退職金は株主総会の決議事項です。

② 役員退職金規程があれば、株主総会で一任決議後、取締役会等で支給額を決議すればよくなります。

③ 役員退職金規程も株主総会の決議事項です。あらかじめ決議しておきましょう。

---

### ◆役員退職金の支給手順は

役員の退職金は、定款に金額等を記載するか、株主総会でその金額等を決議しなければなりません。

しかし、定款に役員退職金の金額を記載しているケースはほとんどありません。そのため、一般的に行われている方法は、図表131の２通りになります。

【図表131 役員退職金の支給手順のパターン】

役員退職金の支給手順
- ① 株主総会で具体的に個別の金額、支給方法、支給時期等を決議する。
- ② 役員退職金規程を作成し、株主総会で金額、支給方法、支給時期等を取締役会に一任する決議をする。

①が原則的な方法ですが、全株主に退職金額を公表することになりますので、実務上は②の方法をとる会社が多いようです。

また、取締役会を設置していない会社では、取締役会の一任に代わり、「取締役の過半数（または全員）の同意に一任する」内容を株主総会で決議することもあります。ただし、役員が退任するつど、株主総会で一任決議を受けなければなりません。

### ◆株主総会で一任決議を受けるには

株主総会での一任決議は、金額等を無条件に一任してもらうのは認められません。判例の解釈では「支給基準を株主が推知しえる状況において当該基準に従って決定することを委任する」という趣旨であれば可能と考えられています。

また、役員退職金規程が存在しないと支給額が自由に決められるため、過大支給と判断される可能性が高まります。

そのような観点からも、役員退職金規程を作成しておくことをおすすめします。

この役員退職金規程は、作成時に株主総会の決議が必要になります。また、作成した役員退職金規程は、本店に備え付けておいたり、株主の閲覧要求に応えられるようにしておかなければなりません。

通常は、役員退職金規程はあらかじめ株主総会で決議を得ておき、実際に退任された方が発生したときの年度の株主総会で一任決議を受けます。一任決議を得る年度の株主総会では、株主総会参考資料に役員退職金を決定する一定の基準の内容を記載することが義務づけられています。役員退職金規程があれば、「役員退職金規程により」支給することを記載すればよいので、やはりあらかじめ作成しておくほうが良さそうです。

**◆役員死亡時に株主総会前の支給ができる**

役員が任期中に死亡したときの退職金の支給の際も、役員退職金規程を作成し、株主総会の決議を得ていたことが役立ちます。死亡退職金は相続財産になりますので、遺族側も早い段階での金額の確定を望みます。

しかし、死亡が理由であっても、役員退職金には変わりないので、支給するには基本的には株主総会の決議が必要になります。とくに役員退職金規程がないと、株主総会で金額等を確定させるまで退職金の支給額を決定する根拠がまったくありませんので、株主総会の決議まで支給することができません。ところが役員退職金規程があれば、規程に基づき支給しておき、その後の株主総会で追認してもらうことが可能になります。

**【図表132　役員退職金の支給手順】**

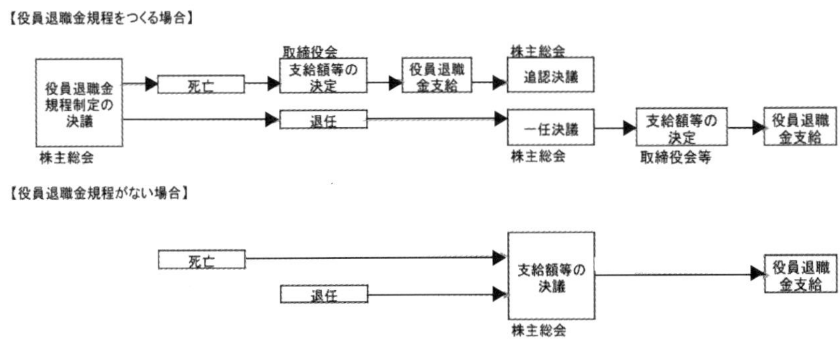

# Q90 役員にはどのくらいまで支給していい

**A** ① 役員退職金の金額が適正か否かは税務署の判断になります。
② 支給根拠が明確になる役員退職金規程を作成しておくことが大切です。
③ 年度ごとの報酬の変動の有無など各社の実情にあわせて規程を作成しましょう。

---

**◆適正な退職金の税務署の判断基準**

役員退職金は過大な金額であると判断されると、法人の損金への算入が認められないことがあります。とくに同族会社の場合は、支給基準が不明瞭になりがちなので税務署の目も厳しいようです。仮に損金算入が認められなければ、経理処理していた事業年度でその金額分が利益に加算され、さかのぼってその事業年度の決算を修正しなければなりません。後になってから多額の法人税を支払うことにならないように、役員退職金の支給額の決定には細心の注意が必要です。

適正な退職金か否かは、税務署の判断ですので確定的なことはいえないのですが、主に図表133の３つを勘案して判定されます。

【図表133　退職金が適正か否かを判断する基準】

退職金が適正か否かを判断する基準
- その役員の在任期間
- 退任の事情
- 同業同規模他社の支給状況

**◆適正な役員退職金の目安は**

事前に株主総会で決議された役員退職金規程があれば支給根拠は明確なのですが、だからといってすべて損金算入が認められるとは限りません。しかし、規程がないまま退職金を支給するよりは、損金算入が否認される可能性は間違いなくさがるでしょう。

一般的な役員退職金の計算方法は次のとおりです。

| |
|---|
| 役員退職金＝最終報酬月額 × 役員在任年数 × 功績倍率＋特別功労金 |

ここでポイントになるのが、功績倍率です。功績倍率が過大であれば、おそらく損金算入が認められません。一般的に使用される功績倍率の目安は図表134のとおりです。

【図表134　職位ごとの功績倍率の例】

| 最終職位 | 功績倍率 |
|---|---|
| 会長・社長 | 3．0 |
| 専　務 | 2．5 |
| 常　務 | 2．3 |
| 取締役 | 2．0 |
| 監査役 | 1．5 |

ただし、功績倍率についてはそれぞれの会社の規模や業績や本人の実際の職責などを総合的に判断しますので、認められる範囲は会社ごとに違います。そのため、図表134の倍率であればかならず損金算入が認められるわけではないので注意してください。

例えば、過去には退職の事情や他の退任取締役への支払状況から、功績倍率7．5倍を認めた判例（昭和51.5.26　東京地判）もあります。

### ◆役員退職金規程の作成にあたって注意する点は

中小企業では社会情勢や会社の業績により年度ごとの報酬が大きく変わるケースがあります。そのため、計算式の最終報酬月額を「在任中の最高報酬月額」あるいは「平均報酬月額」とすることもあります。

同様に功績倍率を計算する職位も、役員在任中の「最高職位」と規定することもあります。また、同じ職位であっても、会社によっては常勤役員と非常勤役員が存在することもあります。各社の実情にあわせて規定をしてください。

特別功労金は、創業社長など会社の発展に特に功労があった場合に加算するものです。この特別功労金もお手盛りにならないように、通常の計算式で算出した退職金額の「30％ないし50％を上限として個別に決定する」規定にすることが一般的です。

急成長した企業などではさらに多額の特別功労金を加える場合もあります。

役員退職金は株主総会で最終的に決定されます。退職金額の提案をする前に、担当税理士等とよく相談して決定してください。

# Q91 役員退職金の資金準備はどのようにすればいい

**A** ① 計画的な準備をしていないと役員退職金の支給が困難な場合があります。

② 役員退職金の資金準備には、生命保険がよく活用されています。

③ 会社からの支給が難しい場合は、個人で小規模共済を利用すると税務上のメリットがあります。

---

◆役員退職金の計画的な準備が必要なわけ

一般的に従業員より金額が高くなりやすい役員退職金は、いざ支給しようというときに会社の状況によって支給できないケースもあるようです。とくに中小企業では、役員退職金が経営状況に与えるインパクトが大きいため、「支給したくてもできない」と聞くことがあります。

中小企業で役員退職金を思うように支給できなかったり、役員退職金を支給したために会社に悪影響をおよぼすことがあります。例えば、図表135のようなケースが考えられます。

【図表135 中小企業で役員退職金が思うようにならなかった例】

| | |
|---|---|
| 支給できないケース | ① 現金で準備していたが、事業資金に流用してしまい、支給するための現金がない。 |
| | ② たまたま退任時の経営状況が悪く、役員退職金規程より大幅に減額せざるを得なくなった。 |
| 会社に悪影響を与えたケース | ③ 退職金支給時に一度に多額の費用が発生し、決算内容に悪影響を与えた。 |
| | ④ 借入金で支給したため、後継者がその返済に苦労している。 |

◆役員退職金の資金準備の方法

このようなケースを避け、役員退職金の資金準備をする方法として、生命保険の活用があります。

生命保険はいろいろな種類がありますが、基本的な考え方は、①役員個人を被保険者とする生命保険に加入し、②会社が毎月(あるいは毎年)保険料を支払い、③在任中に万が一、死亡したときは死亡保険金を会社が受け取り、④役員を退任するときは生命保険を解約して解約返戻金を会社が受け取る、ものです。

【図表 136　役員退職金の準備によく使われる保険商品】

| 保険の種類 | 特徴 | 保険料の税務処理（原則） |
| --- | --- | --- |
| 長期定期保険 | 長期にわたり返戻率が上昇していく。退任までの期間が長く、時期も不明な場合に使用される。 | 最高解約返戻率に応じて、４０％または６０％ |
| がん保険 | | |
| 逓増定期保険 | 比較的短期間で返戻率が最大になる。退任時期がある程度想定できる場合に使用される。 | |

中小企業の特に代表者は、会社の借入金を個人で保証しているケースもあります。退職金の資金準備として生命保険に加入すれば、万が一の事態の保障にもなります。

また、保険会社に毎月支払う保険料は、保険のタイプにもよりますが、支払ったときに一定割合を損金に算入できます。損金に算入できない部分は資産として計上します。退任時に生命保険を解約すれば、解約返戻金が戻ってきますので、いわば保険会社に貯蓄していることになり、退職金の原資にすることができます。

解約返戻金は、これまで資産計上していた金額を超える部分が雑収入になり、役員退職金が決算に与える影響を軽減することができます。

役員の退任時期が見通せる会社もあれば、まだわからない会社もあります。保険料に対する解約返戻金の割合や損金に算入できる割合も、保険商品のタイプごとにさまざまです。また、退任時に会社から個人へ名義変更をすることにより、現物給付として保障を引き継ぐことができる商品もあります。生命保険を利用して資金準備をしようと考える会社は、それぞれの会社にあった保険商品を選択してください。

### ◆小規模企業共済とは

会社では退職金の支給が難しい小規模な企業の経営者のために、独立行政法人中小企業基盤整備機構が運営する「小規模企業共済」があります。これは経営者個人が加入するもので、会社は関与しませんが、掛け金が全額個人の所得控除になり、共済金が退職所得になる優遇措置があります。

加入できるのは、従業員 20 名以下（商業、一部のサービス業は５名以下）の個人事業主や法人の役員などです。会社で退職金を支給するのが難しい経営者の方は、加入を検討してみてはいかがでしょうか。

# Q92 役員退職金の税金は

A ①　役員退職金でも税額の計算は基本的には従業員と同じです。
②　役員等勤続期間が５年以下の場合は、退職所得の１／２控除の優遇措置がありません。

---

### ◆役員退職金の税金は

役員退職金の税金の計算は、基本的には従業員の場合と同じです（Q78参照)。「退職所得の受給に関する申告書（退職所得申告書)」を提出している場合の退職金の所得税や住民税の計算方法は、図表137のとおりです。

【図表137　役員退職金の所得税・住民税の計算方法（退職所得申告書提出者の場合）】

・退職金の所得税＝退職所得金額（退職金支給額―退職所得控除）×１／２（※１）
　× 所得税率 ×102.1%（※２）
　※１：1,000円未満の端数切捨て
　※２：１円未満の端数切捨て

・退職金の住民税＝退職所得金額（退職金支給額―退職所得控除）×１／２（※１）
　× 税率（10%）（※３、４）
　※３：10%の税率の内訳は、市町村民税６%、都道府県民税４%で別々に計算
　※４：市町村民税と都道府県民税は、それぞれ100円未満の端数切捨て

・退職所得控除（勤続年数に１年未満の端数があるときは１年に切上げ）
　勤続年数２年未満の場合　80万円
　勤続年数20年以下の場合　40万円 × 勤続年数
　勤続年数20年超の場合　800万円＋70万円 ×（勤続年数－20年）

### ◆役員の在任年数が５年以内の場合は

役員の場合、ごく短期間で退任して多額の退職金を受け取ることを繰り返すケースがあります。よく聞く例では、官僚が天下り先を変えていくいわゆる「わたり」のようなケースです。

これまでは「わたり」であっても、役員の在任期間が重なっていなければそれぞれ別の時期の別の会社から支給される退職金ですから、原則的な計算式で税額の計算をしていました。

退職金は長期勤続に対して一時にまとめて支払われる点から「退職所得」として優遇されています。「わたり」のようなケースでは、在任年数に比べ

て多額の退職金が支給されていたこともあり、毎回受け取る退職金をすべて原則の計算式で行うのは優遇しすぎではないかとの疑問が出るようになりした。

そこで、平成25年より、役員等勤続年数が５年以下の場合の計算式が変更になりました。

ここでいう役員等勤続年数とは図表138に当たるケースを指します。

**【図表138　役員等勤続年数とは】**

| |
|---|
| 役員等：<br>「役員等」とは、次の①～③のいずれかに該当する人をいいます。<br>①　法人の取締役、執行役、会計参与、監査役、理事および清算人並びにこれら以外の者で法人の経営に従事している一定の者<br>②　国会議員・地方公共団体の議会の議員<br>③　国家公務員・地方公務員<br><br>役員等勤続年数：<br>役員等勤続期間（退職手当等にかかる勤続期間のうち、役員等として勤務した期間）の年数（１年未満の端数がある場合はその端数を１年に切り上げたもの）をいいます。 |

退職所得の計算式では、勤続年数は切り上げになりますので、５年と１日の在任期間がある場合は「５年以内」には該当せず、原則の計算式により所得税と住民税を計算します。

役員等勤続年数が５年以下の場合は、退職所得の所得税や住民税の計算式の中で、退職所得金額を１／２にする優遇措置がありません。そのほかの退職所得控除や税率などは原則の計算式と同じです。

**【図表139　役員等勤続年数が５年以下の場合の計算式（退職所得申告書提出者の場合）】**

| |
|---|
| ・退職金の所得税＝退職所得金額（退職金支給額―退職所得控除）~~×１／２~~（※１）<br>× 所得税率 ×102.1%（※２）<br>※１：1,000円未満の端数切捨て<br>※２：１円未満の端数切捨て<br><br>・退職金の住民税＝退職所得金額（退職金支給額―退職所得控除）~~×１／２~~（※１）<br>× 税率（10%）（※３、４）<br>※３：10%の税率の内訳は、市町村民税６%、都道府県民税４%で別々に計算<br>※４：市町村民税と都道府県民税は、それぞれ100円未満の端数切捨て |

## ◆退職所得申告書の提出がない場合は

退職所得申告書を提出しない場合は、従業員の退職金と同様に、退職金額に一律20.42%（復興特別所得税を含む）を乗じた金額を所得税として控除します。この場合は、在任年数により計算が変わることはありません。

# Q93 特殊なケースの計算方法は

**A** ① 同一年に複数社から退職金を受けたときは、合算した退職金額と通算した在任期間により税額を計算します。
② 過去4年以内に他社から退職金を受けているときは、勤続年数の計算が特殊になります。
③ 5年以上前の他社から受けた退職金は関係ありません。

……………………………………………………………………………………

## ◆複数社から退職金の支給を受けたときの税金は

一般的な従業員と違い、役員の場合は複数社の役員を兼務し、それぞれから退職金を受けることがあります。

このように複数社から退職金を受ける場合の税金の計算方法は、図表141のとおり、基本的な計算式（図表140）は一緒です。ただし、計算式の中の「退職金支給額」と、退職所得控除を計算するための「勤続年数」がケースによって異なります。

**【図表140 退職金の所得税計算の原則の計算式】**

・退職金の所得税＝退職所得金額（退職金支給額―退職所得控除）×１／２（※１）
　× 所得税率 ×102.1％（※２）
※１：1,000円未満の端数切捨て
※２：１円未満の端数切捨て

・退職所得控除（勤続年数に１年未満の端数があるときは１年に切上げ）
　勤続年数２年未満の場合　80万円
　勤続年数20年以下の場合　40万円 × 勤続年数
　勤続年数20年超の場合　800万円＋70万円 ×（勤続年数－20年）

## ◆同じ年内に複数社から退職金を受ける場合

同一年内に退職金を受ける場合は、勤続年数を「一番早く就任した年月日」から「最後に退任した年月日まで」の期間で計算します。この勤続年数により退職所得控除額を計算し、すべての退職金を合算した金額から控除します。

図表141を例に、具体的に見ていきましょう。この例では、D社に就任した昭和63年7月1日が最初の就任年月日です。平成26年中に3社とも退任して退職金を受け取りますが、最後に退任したのはE社の7月31日です。

最初に就任した年月日から最後に退任した年月日までの期間は、26年1か月ですので、1年未満の端数は切上げて勤続年数は27年、退職所得控除

【図表 141　その年に２以上の退職金を受けている場合】

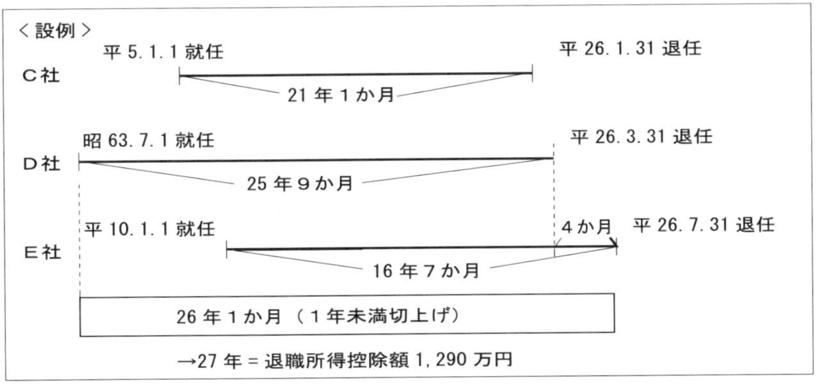


額は 1,290 万円になります。C 社、D 社、E 社の 3 社から受け取った退職金額の合計額とこの退職所得控除額を使用して、税額を計算します。

### ◆その年の前年以前 4 年内に他社から退職手当の支給を受けている場合

その年の前年以前 4 年内は、暦年で数えます。平成 26 年 5 月に退任したのであれば、平成 22 年 1 月 1 日以降に他社で退職金を受けている場合がこれに当たります。

この場合の退職所得控除額は、「今回退職金の支給を受ける会社の在任年数（1 年未満の端数切り上げ）で計算した退職所得控除額」から「前回支給を受けた会社と今回支給を受ける会社の重複している期間（1 年未満の端数切り捨て）で計算した退職所得控除額を差し引いた金額」が今回の退職所得控除額となります。

図表 142 を例に具体的に見ていきましょう。

【図表 142　その年の前年以前４年内に退職金を受けている場合】

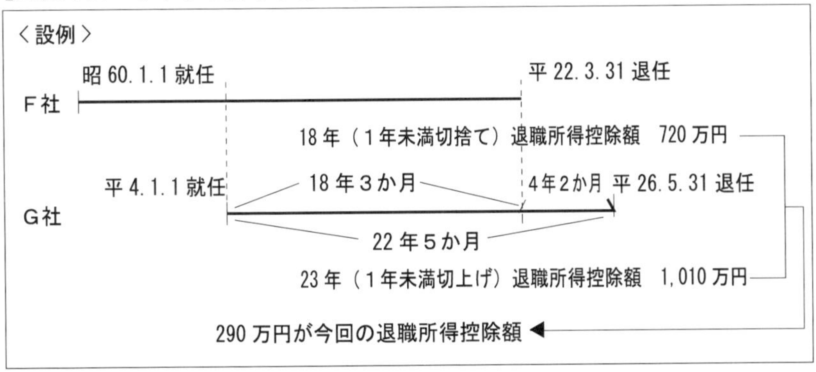

【図表 143　前の退職金がそのときの退職所得控除額未満であった場合】

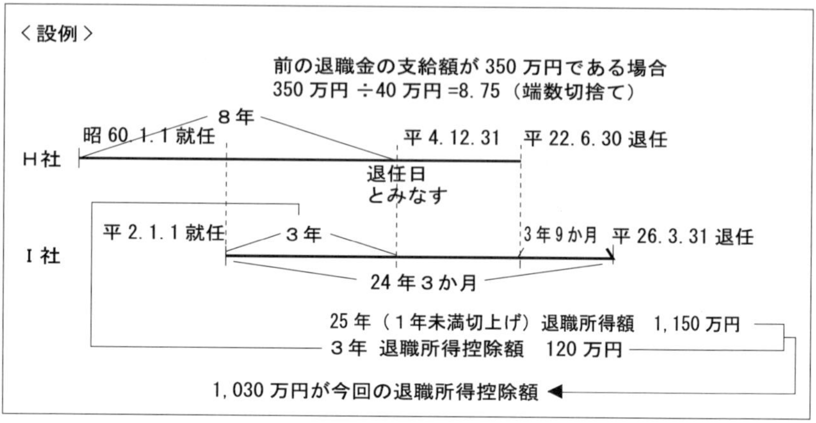


今回退職金の支給を受けるＧ社の在任年数は、１年未満の端数を切り上げて 23 年、退職所得控除額は 1,010 万円です。

この中で４年以内に退職金の支給を受けたＦ社と重なっている期間は、Ｇ社の就任日からＦ社の退任日までなので、1年未満の端数を切り捨てて 18年、退職所得控除額は 720 万円です。

両者の差額、290 万円が「Ｇ社から支給される退職金（Ｆ社での支給額は無視）」から控除できる退職所得控除額になります。

ただし、前回支給を受けた退職金額が非課税であった場合は、退職所得控除の全額を使用していません。そのため、図表 142 のように、前回の退職金額に見合った退職所得控除額を逆算して、前回の退任日とみなします。

例えば、図表 143 のケースでは平成４年 12 月 31 日にＨ社を退任したものとみなすことになります。

このみなし退任日を使用して、「その年の前年以前４年内に退職金の支給を受けている場合」の計算を行ないます。

**◆５年以上前にしか他社から退職金の支給を受けていない場合**

その年の前年以前４年内には他社から退職金を受けていない場合、つまり、平成 26 年５月に退任したのであれば、平成 22 年１月１日以降に他社で退職金を受けていない場合は、それより前の退職金はすべて無視します。

したがって、平成 21 年以前に受けた退職金はなかったものとして、今回支給する会社の在任年数と退職金額だけで、図表 140 の原則の計算式により税額を計算します。

# Q94 役員退職金の損金算入時期は

**A** ① 役員退職金は支給が確定する株主総会日に損金計上するのが原則です。

② 役員退職金規程により、死亡した役員に株主総会前に支給するときなどは、支給日に損金計上することも可能です。

### ◆役員退職金の損金の算入時期は

役員退職金の損金算入時期は、株主総会が基準になります。これは、役員退職金は株主総会の決議事項であり、この日に退職金額が確定したと考えるからです。

### ◆役員退職金の支給日に損金算入することも可能

しかし、役員が死亡したような場合では、役員退職金規程に基づいて、株主総会の決議前に退職金を支給するケースがあります。

そのため、法人税法では、役員退職金は株主総会で支給が確定した日に経理処理をすることを原則としながらも、支給日に損金計上をすることも認めています。

なお､株主総会日に実際に退職金の支給を行うことはほとんどありません。そのため、株主総会日に未払計上をし、実際の支給日は後日になることはかまいません。

【図表 144 役員退職金の経理処理】

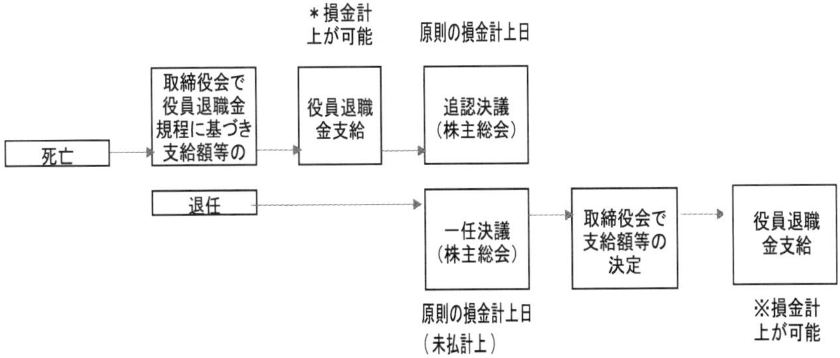

# Q95 肩書き変更時に役員退職金の支給はできるか

**A** ① 大幅に職務が変更になるときは、実質的に退任したのと同じであれば、役員退職金を支給することが可能です。

② 従業員が役員に昇格したときは、従業員部分の退職金の支給が可能です。

③ 使用人兼務役員は従業員の身分があっても役員です。退職金上は役員に区分して考えなければなりません。

**◆役員の肩書き変更時の退職金の支給は**

役員の肩書きが変更になったときの退職金の支給は、租税回避とみなされて、税務上否認されることがあります。

しかし、大幅に職責や職務が変更になったときは、実質的には退任したのと同じと考え、法人税法では図表145のようなケースでは役員退職金として取り扱うことを認めています。

【図表145 肩書き変更時の退職金支給が認められるケース】

| |
|---|
| ① 常勤役員が非常勤役員になった。 |
| ② 取締役が監査役になった。 |
| ③ 分掌の変更後の報酬が50%以上減少した。 |

ただし、非常勤役員や監査役になったとしても、依然として「会社の経営上の主要な地位を占めている」と判断されれば否認されることもあります。とくに中小企業によくあるオーナー会社の経営者は、登記簿上は退任したといっても実質的に経営に関与しているケースが多くあり、肩書き変更時に退職金を受け取る場合は税務署の見る目も厳しくなるようです。

「代表取締役をはずせば退職金の支給が可能」との意見もあるようですが、実態が伴わなければリスクが高いといわざるを得ません。

法人税法では、①から③のいずれか1つに該当すれば退職金の支給を認めていますが、実務上は①と③、または②と③のように2つの条件を満たしたときに支給することが多いようです。

**◆役員就任時の従業員退職金の支給は**

反対に、役員就任時の退職金の支給は、どうでしょうか。

従業員と会社は「雇用関係」ですが、会社と役員は「委任関係」になります。そのため、契約形態がまったく異なりますので、法人税法では、使用人が役員になった場合にはたとえ勤務が継続していても、従業員部分にかかる退職金の支給を認めています。

従業員が使用人兼務役員になったときも同様です。使用人兼務役員は、役員と従業員の２つの身分があります。しかし、会社法上では監査役や委員会設置会社の取締役の使用人兼務を禁止しているだけで、使用人兼務役員自体の法的根拠はありません。税法上は、使用人兼務役員であっても、それ以外の役員であっても、基本的には登記されている同じ役員であると考えます。そのため、兼務役員に就任したときに、従業員部分の退職金を支給することは可能です。

**◆従業員退職金の未払計上は**

会社によっては、役員就任時に従業員部分の退職金を支給せず、役員退任時にまとめて支給することもあるようです。この場合、従業員部分の退職金を未払計上することはできるでしょうか。

結論から言うと未払計上をすることはできません。これは、未払金の計上を認めると、平成 14 年度税制改正で廃止された退職給与引当金の金額計上を認めるのと同じことになります（Q47 参照）。

そのため、法人税法では、たとえ従業員部分の退職金といえども、このようなケースの未払計上は認めていません。

**◆使用人兼務役員から役員昇格時の退職金の支給は**

使用人兼務役員が役付役員に昇格した場合の退職金の支給はどうでしょうか。この場合の退職金は、使用人兼務役員中の使用人部分にかかるものだとしても、退職金とは認められず、役員賞与として取り扱うものとされています。これは図表 146 の理由によるものです。

**【図表 146　使用人兼務役員の使用人部分の退職金が認められない理由】**

| |
|---|
| ①　使用人兼務役員といえども、役員であることには変わりないこと。 |
| ②　使用人としての退職は兼務役員昇格時であり、役付役員昇格時ではないこと。 |
| ③　単に役員の地位が変動したに過ぎないと考えられること。 |

ご存知のとおり、役員賞与は損金算入ができません。本人も退職所得にならず、ダブルパンチになります。十分注意しましょう。

# 規程例 退職金規程例（基本給連動型）

## 退　職　金　規　程

第１条（適用範囲）

１．この規程は、就業規則の規定に基づき社員の退職金について定める。

２．この規程による退職金制度は、会社に雇用され勤務する正社員に適用する。ただし、パートタイマー、嘱託など、就業形態が特殊な者や特別の雇用契約を結んだ者については、この規程を適用しない。

第２条（退職金の支給要件）

１．退職金は満３年以上勤務した社員が次の各号の一に該当する事由により退職した場合に支給する。

①　定年により退職したとき

②　在職中死亡したとき

③　会社の都合により退職したとき

④　私傷病により休職期間が満了したとき、または休職期間中退職を申し出て退職したとき

⑤　前号のほか休職期間が満了し退職したとき

⑥　私傷病により業務に耐えられないと会社が認めた場合の退職のとき

⑦　自己の都合により退職したとき

２．この規程において定年退職とは第１項第１号をいう。

３．この規程において中途退職とは第１項第２号から第７号までをいう。ただし、第１項第２号または第３号に該当した場合で、会社が特に認めた場合は定年退職として取り扱うことがある。

第３条（退職金の算定方法）

１．退職金は退職時の基本給に、別表で定める社員各人の勤続年数に応じた退職金支給率を乗じて得た額とする。

2．前項の規定に基づき退職金支給額を算定するにあたって、その者が定年退職の場合には別表の甲欄、中途退職の場合には別表の乙欄に定める支給率を適用する。

第４条（計算期間）

1．計算の対象となる勤続年数は、入社日から起算し、退職の日までとする。試用期間を通算するが、就業規則に定める休職、産前産後休業、育児休業、介護休業、１ヶ月以上継続して欠勤をしていた期間は通算しない。

2．勤続満３年以上であって計算上１年未満の端数月が生じた場合は、月割計算を行う。なお、１ヶ月未満の端数は切り捨てる。

第５条（特別功労金）

在職中、特に功労があったと認められる社員に対して、退職金に特別功労金を加算して支給することがある。支給額は、その都度その功労の程度を勘案して定める。

第６条（算出金額の端数処理）

この規程による退職金の算出金額に 1,000 円未満の端数を生じたときは、これを 1,000 円に切り上げる。

第７条（控　　除）

退職金の支給に際しては、法令に定めるほか、支給を受ける者が会社に対して負う債務を控除する。

第８条（支払の時期および方法）

退職金は、退職または解雇の日の翌月末日までに、本人名義の指定金融機関口座へ振込みにより支払う。ただし、第 10 条第１項第２号もしくは第 10 条第２項第２号に該当する可能性があり、調査期間が必要な場合は調査が終了するまで支払いを留保する。また、やむを得ない理由により、あらかじめ定めた支給期日を２ヶ月間延期することがある。

第９条（遺族の範囲および順位）

本人死亡のときの退職金を受ける遺族の範囲および順位は、労働基準法施行規則第 42 条から第 45 条までに定めるところによる。

第10条（退職金の不支給および減額）
1．次の各号の一に該当する者には、退職金を支給しない。ただし、事情により退職金の一部を支給することがある。
① 就業規則に定める懲戒規定に基づき懲戒解雇された者
② 退職後、支給日までの間において在職中の行為につき懲戒解雇に相当する事由があったと認められた者
2．次の各号の一に該当する者には、退職金を5割の範囲内で減額して支給する。ただし、事情により退職金の全部を支給することがある。
① 就業規則に定める懲戒規定に基づき諭旨解雇された者
② 退職後、支給日までの間において在職中の行為につき諭旨解雇に相当する事由があったと認められた者
③ 退職時に会社の指定する引継ぎを完了しないで退職した者
3．退職金の支給後に第1項第2号または第2項第2号のいずれかに該当する事実が発見された場合は、会社は支給した退職金の返還を当該社員であった者または前条の遺族に求めることができる。

第11条（社外業務に従事した場合の併給の調整）
出向等社命により社員が社外業務に従事し、他社より退職金に相当する給付を受けた場合には、その者の退職金は、この規程により算定された退職金から当該給付に相当する額を控除して支給する。

第12条（外部積立による退職金の支給）
会社が、中小企業退職金共済制度など外部機関において積立てを行っている場合は、当該外部機関から支給される退職金は、会社が直接本人に支給したものとみなし、第3条に規定する算定方法により会社から直接支給する退職金は、当該外部機関から支給される退職金の額を控除した額とする。

第13条（改　　定）
この規程は会社の経営状況および社会情勢の変化等により必要と認めたときは、支給条件および支給水準を見直すことがある。

付　　則

この規程は、令和○○年○○月○○日から施行する。

別表　退職金支給率表

| 勤続年数 | 甲 | 乙 | 勤続年数 | 甲 | 乙 |
|---|---|---|---|---|---|
| 1 年 | 0.00 | 0.00 | 21年 | 15.77 | 9.97 |
| 2 年 | 0.00 | 0.00 | 22年 | 16.60 | 10.87 |
| 3 年 | 0.83 | 0.00 | 23年 | 17.43 | 11.81 |
| 4 年 | 1.66 | 0.42 | 24年 | 18.26 | 12.78 |
| 5 年 | 2.49 | 0.68 | 25年 | 19.09 | 13.79 |
| 6 年 | 3.32 | 0.98 | 26年 | 19.92 | 14.84 |
| 7 年 | 4.15 | 1.32 | 27年 | 20.75 | 15.93 |
| 8 年 | 4.98 | 1.69 | 28年 | 21.58 | 17.05 |
| 9 年 | 5.81 | 2.11 | 29年 | 22.41 | 18.21 |
| 10年 | 6.64 | 2.56 | 30年 | 23.24 | 19.41 |
| 11年 | 7.47 | 3.04 | 31年 | 24.07 | 20.64 |
| 12年 | 8.30 | 3.57 | 32年 | 24.90 | 21.91 |
| 13年 | 9.13 | 4.13 | 33年以上 | 24.90 | 22.41 |
| 14年 | 9.96 | 4.73 | | | |
| 15年 | 10.79 | 5.37 | | | |
| 16年 | 11.62 | 6.04 | | | |
| 17年 | 12.45 | 6.75 | | | |
| 18年 | 13.28 | 7.50 | | | |
| 19年 | 14.11 | 8.29 | | | |
| 20年 | 14.94 | 9.11 | | | |

## 規程例　退職金規程例（定額制）

退　職　金　規　程

第１条（適用範囲）

１．この規程は、就業規則の規定に基づき社員の退職金について定める。

２．この規程による退職金制度は、会社に雇用され勤務する正社員に適用する。ただし、パートタイマー、嘱託など、就業形態が特殊な者や特別の雇用契約を結んだ者については、この規程を適用しない。

第２条（退職金の支給要件）

退職金は満３年以上勤務した社員が次の各号の一に該当する事由により退職した場合に支給する。

① 定年により退職したとき

② 在職中死亡したとき

③ 会社の都合により退職したとき

④ 私傷病により休職期間が満了したとき、または休職期間中退職を申し出て退職したとき

⑤ 前号のほか休職期間が満了し退職したとき

⑥ 私傷病により業務に耐えられないと会社が認めた場合の退職のとき

⑦ 自己の都合により退職したとき

２．この規程において定年退職とは第１項第１号をいう。

３．この規程において中途退職とは第１項第２号から第７号までをいう。ただし、第１項第２号または第３号に該当した場合で、会社が特に認めた場合は定年退職として取り扱うことがある。

第３条（基本退職金）

基本退職金は定年退職の場合には別表の甲欄、中途退職の場合には別表の乙欄に定める金額を支給する。

第４条（計算期間）

1．計算の対象となる勤続年数は、入社日から起算し、退職の日までとする。試用期間を通算するが、就業規則に定める休職、産前産後休業、育児休業、介護休業、１ヶ月以上継続して欠勤をしていた期間は通算しない。

2．勤続満３年以上であって計算上１年未満の端数月が生じた場合は、月割計算を行う。なお、１ヶ月未満の端数は切り捨てる。

第５条（特別功労金）

在職中、特に功労があったと認められる社員に対して、退職金に特別功労金を加算して支給することがある。支給額は、その都度その功労の程度を勘案して定める。

第６条（算出金額の端数処理）

この規程による退職金の算出金額に 1,000 円未満の端数を生じたときは、これを 1,000 円に切り上げる。

第７条（控　　除）

退職金の支給に際しては、法令に定めるほか、支給を受ける者が会社に対して負う債務を控除する。

第８条（支払の時期および方法）

退職金は、退職または解雇の日の翌月末日までに、本人名義の指定金融機関口座へ振込みにより支払う。ただし、第 10 条第１項第２号もしくは第 10 条第２項第２号に該当する可能性があり、調査期間が必要な場合は調査が終了するまで支払いを留保する。また、やむを得ない理由により、あらかじめ定めた支給期日を２ヶ月間延期することがある。

第９条（遺族の範囲および順位）

本人死亡のときの退職金を受ける遺族の範囲および順位は、労働基準法施行規則第 42 条から第 45 条までに定めるところによる。

第 10 条（退職金の不支給および減額）

1．次の各号の一に該当する者には、退職金を支給しない。ただし、事情により退職金の一部を支給することがある。

① 就業規則に定める懲戒規定に基づき懲戒解雇された者
② 退職後、支給日までの間において在職中の行為につき懲戒解雇に相当する事由があったと認められた者
2．次の各号の一に該当する者には、退職金を５割の範囲内で減額して支給する。ただし、事情により退職金の全部を支給することがある。
① 就業規則に定める懲戒規定に基づき諭旨解雇された者
② 退職後、支給日までの間において在職中の行為につき諭旨解雇に相当する事由があったと認められた者
③ 退職時に会社の指定する引継ぎを完了しないで退職した者
3．退職金の支給後に第１項第２号または第２項第２号のいずれかに該当する事実が発見された場合は、会社は支給した退職金の返還を当該社員であった者または前条の遺族に求めることができる。

第11条（社外業務に従事した場合の併給の調整）
出向等社命により社員が社外業務に従事し、他社より退職金に相当する給付を受けた場合には、その者の退職金は、この規程により算定された退職金から当該給付に相当する額を控除して支給する。

第12条（外部積立による退職金の支給）
会社が、中小企業退職金共済制度など外部機関において積立てを行っている場合は、当該外部機関から支給される退職金は、会社が直接本人に支給したものとみなし、第３条に規定する算定方法により会社から直接支給する退職金は、当該外部機関から支給される退職金の額を控除した額とする。

第13条（改　　定）
この規程は会社の経営状況および社会情勢の変化等により必要と認めたときは、支給条件および支給水準を見直すことがある。

付　　　則

この規程は、令和〇〇年〇〇月〇〇日から施行する。

別表　基本退職金支給額表

| 勤続年数 | 甲 | 乙 | 勤続年数 | 甲 | 乙 |
|---|---|---|---|---|---|
| 1 年 | 0 | 0 | 21年 | 7,600,000 | 4,807,000 |
| 2 年 | 0 | 0 | 22年 | 8,000,000 | 5,240,000 |
| 3 年 | 400,000 | 0 | 23年 | 8,400,000 | 5,691,000 |
| 4 年 | 800,000 | 200,000 | 24年 | 8,800,000 | 6,160,000 |
| 5 年 | 1,200,000 | 327,000 | 25年 | 9,200,000 | 6,647,000 |
| 6 年 | 1,600,000 | 472,000 | 26年 | 9,600,000 | 7,152,000 |
| 7 年 | 2,000,000 | 635,000 | 27年 | 10,000,000 | 7,675,000 |
| 8 年 | 2,400,000 | 816,000 | 28年 | 10,400,000 | 8,216,000 |
| 9 年 | 2,800,000 | 1,015,000 | 29年 | 10,800,000 | 8,775,000 |
| 10年 | 3,200,000 | 1,232,000 | 30年 | 11,200,000 | 9,352,000 |
| 11年 | 3,600,000 | 1,467,000 | 31年 | 11,600,000 | 9,947,000 |
| 12年 | 4,000,000 | 1,720,000 | 32年 | 12,000,000 | 10,560,000 |
| 13年 | 4,400,000 | 1,991,000 | 33年以上 | 12,000,000 | 10,800,000 |
| 14年 | 4,800,000 | 2,280,000 | | | |
| 15年 | 5,200,000 | 2,587,000 | | | |
| 16年 | 5,600,000 | 2,912,000 | | | |
| 17年 | 6,000,000 | 3,255,000 | | | |
| 18年 | 6,400,000 | 3,616,000 | | | |
| 19年 | 6,800,000 | 3,995,000 | | | |
| 20年 | 7,200,000 | 4,392,000 | | | |

## 規程例　退職金規程例(別テーブル方式)

退　職　金　規　程

第１条（適用範囲）

１．この規程は、就業規則の規定に基づき社員の退職金について定める。

２．この規程による退職金制度は、会社に雇用され勤務する正社員に適用する。ただし、パートタイマー、嘱託など、就業形態が特殊な者や特別の雇用契約を結んだ者については、この規程を適用しない。

第２条（退職金の支給要件）

１．退職金は満３年以上勤務した社員が次の各号の一に該当する事由により退職した場合に支給する。

①　定年により退職したとき

②　在職中死亡したとき

③　会社の都合により退職したとき

④　私傷病により休職期間が満了したとき、または休職期間中に退職を申し出て退職したとき

⑤　前号のほか休職期間が満了し退職したとき

⑥　私傷病により業務に耐えられないと会社が認めた場合の退職のとき

⑦　自己の都合により退職したとき

２．この規程において定年退職とは第１項第１号をいう。

３．この規程において中途退職とは第１項第２号から第７号までをいう。ただし、第１項第２号または第３号に該当した場合で、会社が特に認めた場合は定年退職として取り扱うことがある。

第３条（退職金の算定方法）

１．退職金は別表１で定める退職時における役職に対応する算定基礎額に、別表２で定める社員各人の勤続年数に応じた退職金支給率を乗じて得た額とする。

2．前項の規定に基づき退職金支給額を算定するにあたって、その者が定年退職の場合には別表の甲欄、中途退職の場合には別表の乙欄に定める退職金支給率を適用する。

第4条（計算期間）

1．計算の対象となる勤続年数は、入社日から起算し、退職の日までとする。試用期間は通算するが、就業規則に定める休職、産前産後休業、育児休業、介護休業、1ヶ月以上継続して欠勤をしていた期間は通算しない。

2．勤続満3年以上であって計算上1年未満の端数月が生じた場合は、月割計算を行う。なお、1ヶ月未満の端数は切り捨てる。

第5条（特別功労金）

在職中、特に功労があったと認められる社員に対して、退職金に特別功労金を加算して支給することがある。支給額は、その都度その功労の程度を勘案して定める。

第6条（算出金額の端数処理）

この規程による退職金の算出金額に 1,000 円未満の端数を生じたときは、これを 1,000 円に切り上げる。

第7条（控　　除）

退職金の支給に際しては、法令に定めるほか、支給を受ける者が会社に対して負う債務を控除する。

第8条（支払の時期および方法）

退職金は、退職または解雇の日の翌月末日までに、本人名義の指定金融機関口座へ振込みにより支払う。ただし、第 10 条第1項第2号もしくは第 10 条第2項第2号に該当する可能性があり、調査期間が必要な場合は調査が終了するまで支払いを留保する。また、やむを得ない理由により、あらかじめ定めた支給期日を2ヶ月間延期することがある。

第9条（遺族の範囲および順位）

本人死亡のときの退職金を受ける遺族の範囲および順位は、労働基準法施行規則第 42 条から第 45 条までに定めるところによる。

第10条（退職金の不支給および減額）

1．次の各号の一に該当する者には、退職金を支給しない。ただし、事情により退職金の一部を支給することがある。

① 就業規則に定める懲戒規定に基づき懲戒解雇された者

② 退職後、支給日までの間において在職中の行為につき懲戒解雇に相当する事由があったと認められた者

2．次の各号の一に該当する者には、退職金を5割の範囲内で減額して支給する。ただし、事情により退職金の全部を支給することがある。

① 就業規則に定める懲戒規定に基づき諭旨解雇された者

② 退職後、支給日までの間において在職中の行為につき諭旨解雇に相当する事由があったと認められた者

③ 退職時に会社の指定する引継ぎを完了しないで退職した者

3．退職金の支給後に第1項第2号または第2項第2号のいずれかに該当する事実が発見された場合は、会社は支給した退職金の返還を当該社員であった者または前条の遺族に求めることができる。

第11条（社外業務に従事した場合の併給の調整）

出向等社命により社員が社外業務に従事し、他社より退職金に相当する給付を受けた場合には、その者の退職金は、この規程により算定された退職金から当該給付に相当する額を控除して支給する。

第12条（外部積立による退職金の支給）

会社が、中小企業退職金共済制度など外部機関において積立てを行っている場合は、当該外部機関から支給される退職金は、会社が直接本人に支給したものとみなし、第3条に規定する算定方法により会社から直接支給する退職金は、当該外部機関から支給される退職金の額を控除した額とする。

第13条（改　　定）

この規程は会社の経営状況および社会情勢の変化等により必要と認めたときは、支給条件および支給水準を見直すことがある。

付　　　則

この規程は、令和○○年○○月○○日から施行する。

### 別表１　算定基礎額表

| 役職 | 算定基礎額 |
|---|---|
| 部長 | 400,000 |
| 課長 | 360,000 |
| 係長 | 320,000 |
| 主任 | 300,000 |
| 一般 | 280,000 |

### 別表２　退職金支給率表

| 勤続年数 | 甲 | 乙 | 勤続年数 | 甲 | 乙 |
|---|---|---|---|---|---|
| 1 年 | 0.0 | 0.00 | 21年 | 19.0 | 12.02 |
| 2 年 | 0.0 | 0.00 | 22年 | 20.0 | 13.10 |
| 3 年 | 1.0 | 0.00 | 23年 | 21.0 | 14.23 |
| 4 年 | 2.0 | 0.50 | 24年 | 22.0 | 15.40 |
| 5 年 | 3.0 | 0.82 | 25年 | 23.0 | 16.62 |
| 6 年 | 4.0 | 1.18 | 26年 | 24.0 | 17.88 |
| 7 年 | 5.0 | 1.59 | 27年 | 25.0 | 19.19 |
| 8 年 | 6.0 | 2.04 | 28年 | 26.0 | 20.54 |
| 9 年 | 7.0 | 2.54 | 29年 | 27.0 | 21.94 |
| 10年 | 8.0 | 3.08 | 30年 | 28.0 | 23.38 |
| 11年 | 9.0 | 3.67 | 31年 | 29.0 | 24.87 |
| 12年 | 10.0 | 4.30 | 32年 | 30.0 | 26.40 |
| 13年 | 11.0 | 4.98 | 33年以上 | 30.0 | 27.00 |
| 14年 | 12.0 | 5.70 | | | |
| 15年 | 13.0 | 6.47 | | | |
| 16年 | 14.0 | 7.28 | | | |
| 17年 | 15.0 | 8.14 | | | |
| 18年 | 16.0 | 9.04 | | | |
| 19年 | 17.0 | 9.99 | | | |
| 20年 | 18.0 | 10.98 | | | |

## 規程例　退職金規程例（ポイント制・貢献ポイントのみ）

### 退　職　金　規　程

第１条（適用範囲）
１．この規程は、就業規則の規定に基づき社員の退職金について定める。
２．この規程による退職金制度は、会社に雇用され勤務する正社員に適用する。ただし、パートタイマー、嘱託など、就業形態が特殊な者や特別の雇用契約を結んだ者については、この規程を適用しない。

第２条（退職金の支給要件）
１．退職金は満３年以上勤務した社員が次の各号の一に該当する事由により退職した場合に支給する。
　①　定年により退職したとき
　②　在職中死亡したとき
　③　会社の都合により退職したとき
　④　私傷病により休職期間が満了したとき、または休職期間中に退職を申し出て退職したとき
　⑤　前号のほか休職期間が満了し退職したとき
　⑥　私傷病により業務に耐えられないと会社が認めた場合の退職のとき
　⑦　自己の都合により退職したとき
２．この規程において定年退職とは第１項第１号をいう。
３．この規程において中途退職とは第１項第２号から第７号までをいう。ただし、第１項第２号または第３号に該当した場合で、会社が特に認めた場合は定年退職として取り扱うことがある。

第３条（退職金の算定方法）
１．退職金は退職時点の本人の退職金ポイントに、10,000円を乗じた金額とする。ただし、中途退職の場合は、さらに別表２の退職理由係数を乗じ

るものとする。
2．退職金ポイントは、別表1に定める役職ポイントの12分の1を毎月末日にその日の各人の役職に応じて付与し、その累計ポイントをもって算定する。
3．前項のポイントは、勤続満3年に達した日の翌月から付与を開始する。ただし、その月に16日以上就業規則に定める休職、産前産後休業、育児休業、介護休業をしていた月はポイントを付与せず、勤続満3年までの間に当該期間があった場合は勤続年数に含めない。
4．退職金ポイントは、毎年4月に前月末日現在のポイントを本人に通知する。

第4条（計算期間）
1．計算の対象となる勤続年数は、入社日から起算し、退職の日までとする。試用期間は通算するが、就業規則に定める休職、産前産後休業、育児休業、介護休業、1ヶ月以上継続して欠勤をしていた期間は通算しない。
2．勤続満3年以上であって計算上1年未満の端数月が生じた場合は、月割計算を行う。なお、1ヶ月未満の端数は切り捨てる。

第5条（特別功労金）
在職中、特に功労があったと認められる社員に対して、退職金に特別功労金を加算して支給することがある。支給額は、その都度その功労の程度を勘案して定める。

第6条（算出金額の端数処理）
この規程による退職金の算出金額に1,000円未満の端数を生じたときは、これを1,000円に切り上げる。

第7条（控　　除）
退職金の支給に際しては、法令に定めるほか、支給を受ける者が会社に対して負う債務を控除する。

第8条（支払の時期および方法）
退職金は、退職または解雇の日の翌月末日までに、本人名義の指定金融機関口座へ振込みにより支払う。ただし、第10条第1項第2号もしくは第

10条第2項第2号に該当する可能性があり、調査期間が必要な場合は調査が終了するまで支払いを留保する。また、やむを得ない理由により、あらかじめ定めた支給期日を2ヶ月間延期することがある。

第9条（遺族の範囲および順位）
本人死亡のときの退職金を受ける遺族の範囲および順位は、労働基準法施行規則第42条から第45条までに定めるところによる。

第10条（退職金の不支給および減額）
1．次の各号の一に該当する者には、退職金を支給しない。ただし、事情により退職金の一部を支給することがある。
① 就業規則に定める懲戒規定に基づき懲戒解雇された者
② 退職後、支給日までの間において在職中の行為につき懲戒解雇に相当する事由があったと認められた者
2．次の各号の一に該当する者には、退職金を5割の範囲内で減額して支給する。ただし、事情により退職金の全部を支給することがある。
① 就業規則に定める懲戒規定に基づき諭旨解雇された者
② 退職後、支給日までの間において在職中の行為につき諭旨解雇に相当する事由があったと認められた者
③ 退職時に会社の指定する引継ぎを完了しないで退職した者
3．退職金の支給後に第1項第2号または第2項第2号のいずれかに該当する事実が発見された場合は、会社は支給した退職金の返還を当該社員であった者または前条の遺族に求めることができる。

第11条（社外業務に従事した場合の併給の調整）
出向等社命により社員が社外業務に従事し、他社より退職金に相当する給付を受けた場合には、その者の退職金は、この規程により算定された退職金から当該給付に相当する額を控除して支給する。

第12条（外部積立による退職金の支給）
会社が、中小企業退職金共済制度など外部機関において積立てを行っている場合は、当該外部機関から支給される退職金は、会社が直接本人に支給したものとみなし、第3条に規定する算定方法により会社から直接支給する退職金は、当該外部機関から支給される退職金の額を控除した額とする。

第13条（改　　定）

この規程は会社の経営状況および社会情勢の変化等により必要と認めたときは、支給条件および支給水準を見直すことがある。

付　　　則

この規程は、令和○○年○○月○○日から施行する。

**別表1　年間退職金ポイント表**

| 役職 | 役職ポイント |
|---|---|
| 部長 | 36ポイント |
| 課長 | 30ポイント |
| 係長 | 18ポイント |
| 主任 | 15ポイント |
| 一般 | 12ポイント |

**別表2　退職理由係数表**

| 勤続年数 | 係数 | 勤続年数 | 係数 | 勤続年数 | 係数 |
|---|---|---|---|---|---|
| 1年 | 0% | 12年 | 43.00% | 23年 | 67.75% |
| 2年 | 0% | 13年 | 45.25% | 24年 | 70.00% |
| 3年 | 0% | 14年 | 47.50% | 25年 | 72.25% |
| 4年 | 25.00% | 15年 | 49.75% | 26年 | 74.50% |
| 5年 | 27.25% | 16年 | 52.00% | 27年 | 76.75% |
| 6年 | 29.50% | 17年 | 54.25% | 28年 | 79.00% |
| 7年 | 31.75% | 18年 | 56.50% | 29年 | 81.25% |
| 8年 | 34.00% | 19年 | 58.75% | 30年 | 83.50% |
| 9年 | 36.25% | 20年 | 61.00% | 31年 | 85.75% |
| 10年 | 38.50% | 21年 | 63.25% | 32年 | 88.00% |
| 11年 | 40.75% | 22年 | 65.50% | 33年以上 | 90.00% |

| 規程例 | 退職金規程例(ポイント制・勤続ポイント+貢献ポイント) |
|---|---|

## 退 職 金 規 程

第1条（適用範囲）

1．この規程は、就業規則の規定に基づき社員の退職金について定める。

2．この規程による退職金制度は、会社に雇用され勤務する正社員に適用する。ただし、パートタイマー、嘱託など、就業形態が特殊な者や特別の雇用契約を結んだ者については、この規程を適用しない。

第2条（退職金の支給要件）

1．退職金は満3年以上勤務した社員が次の各号の一に該当する事由により退職した場合に支給する。

① 定年により退職したとき

② 在職中死亡したとき

③ 会社の都合により退職したとき

④ 私傷病により休職期間が満了したとき、または休職期間中に退職を申し出て退職したとき

⑤ 前号のほか休職期間が満了し退職したとき

⑥ 私傷病により業務に耐えられないと会社が認めた場合の退職のとき

⑦ 自己の都合により退職したとき

2．この規程において定年退職とは第1項第1号をいう。

3．この規程において中途退職とは第1項第2号から第7号までをいう。ただし、第1項第2号または第3号に該当した場合で、会社が特に認めた場合は定年退職として取り扱うことがある。

第3条（退職金の算定方法）

1．退職金は退職時点の本人の退職金ポイントに、10,000円を乗じた金額とする。ただし、中途退職の場合は、さらに別表2の退職理由係数を乗じるものとする。

2．退職金ポイントは、別表1に定める役職ポイントと勤続ポイントのそれ

ぞれ12分の1を毎月末日にその日の各人の役職に応じて付与し、その累計ポイントをもって算定する。ただし、勤続ポイントは累計360ポイントを上限とする。

3．前項のポイントは、勤続満3年に達した日の翌月から付与を開始する。ただし、その月に16日以上就業規則に定める休職、産前産後休業、育児休業、介護休業、欠勤をしていた月はポイントを付与せず、勤続満3年までの間に当該期間があった場合は勤続年数に含めない。

4．退職金ポイントは、毎年4月に前月末日現在のポイントを本人に通知する。

第4条（計算期間）

1．退職理由係数は、勤続ポイントの付与対象となった月数に3年を加算して算定する。

2．前項の計算上1年未満の端数月が生じた場合は、月割計算を行う。

第5条（特別功労金）

在職中、特に功労があったと認められる社員に対して、退職金に特別功労金を加算して支給することがある。支給額は、その都度その功労の程度を勘案して定める。

第6条（算出金額の端数処理）

この規程による退職金の算出金額に1,000円未満の端数を生じたときは、これを1,000円に切り上げる。

第7条（控　　除）

退職金の支給に際しては、法令に定めるほか、支給を受ける者が会社に対して負う債務を控除する。

第8条（支払の時期および方法）

退職金は、退職または解雇の日の翌月末日までに、本人名義の指定金融機関口座へ振込みにより支払う。ただし、第10条第1項第2号もしくは第10条第2項第2号に該当する可能性があり、調査期間が必要な場合は調査が終了するまで支払いを留保する。また、やむを得ない理由により、あらかじめ定めた支給期日を2ヶ月間延期することがある。

第９条（遺族の範囲および順位）

本人死亡のときの退職金を受ける遺族の範囲および順位は、労働基準法施行規則第 42 条から第 45 条までに定めるところによる。

第 10 条（退職金の不支給および減額）

1．次の各号の一に該当する者には、退職金を支給しない。ただし、事情により退職金の一部を支給することがある。

① 就業規則に定める懲戒規定に基づき懲戒解雇された者

② 退職後、支給日までの間において在職中の行為につき懲戒解雇に相当する事由があったと認められた者

2．次の各号の一に該当する者には、退職金を５割の範囲内で減額して支給する。ただし、事情により退職金の全部を支給することがある。

① 就業規則に定める懲戒規定に基づき諭旨解雇された者

② 退職後、支給日までの間において在職中の行為につき諭旨解雇に相当する事由があったと認められた者

③ 退職時に会社の指定する引継ぎを完了しないで退職した者

3．退職金の支給後に第１項第２号または第２項第２号のいずれかに該当する事実が発見された場合は、会社は支給した退職金の返還を当該社員であった者または前条の遺族に求めることができる。

第 11 条（社外業務に従事した場合の併給の調整）

出向等社命により社員が社外業務に従事し、他社より退職金に相当する給付を受けた場合には、その者の退職金は、この規程により算定された退職金から当該給付に相当する額を控除して支給する。

第 12 条（外部積立による退職金の支給）

会社が、中小企業退職金共済制度など外部機関において積立てを行っている場合は、当該外部機関から支給される退職金は、会社が直接本人に支給したものとみなし、第３条に規定する算定方法により会社から直接支給する退職金は、当該外部機関から支給される退職金の額を控除した額とする。

第 13 条（改　　定）

この規程は会社の経営状況および社会情勢の変化等により必要と認めたときは、支給条件および支給水準を見直すことがある。

付　　則

この規程は、令和○○年○○月○○日から施行する。

別表１　年間退職金ポイント表

| 勤続ポイント | 役職 | 役職ポイント |
|---|---|---|
| 12 ポイント | 部長 | 36 ポイント |
| | 課長 | 30 ポイント |
| | 係長 | 18 ポイント |
| | 主任 | 15 ポイント |
| | 一般 | 12 ポイント |

別表２　退職理由係数表

| 勤続年数 | 係数 | 勤続年数 | 係数 | 勤続年数 | 係数 |
|---|---|---|---|---|---|
| 1 年 | 0% | 12 年 | 43.00% | 23 年 | 67.75% |
| 2 年 | 0% | 13 年 | 45.25% | 24 年 | 70.00% |
| 3 年 | 0% | 14 年 | 47.50% | 25 年 | 72.25% |
| 4 年 | 25.00% | 15 年 | 49.75% | 26 年 | 74.50% |
| 5 年 | 27.25% | 16 年 | 52.00% | 27 年 | 76.75% |
| 6 年 | 29.50% | 17 年 | 54.25% | 28 年 | 79.00% |
| 7 年 | 31.75% | 18 年 | 56.50% | 29 年 | 81.25% |
| 8 年 | 34.00% | 19 年 | 58.75% | 30 年 | 83.50% |
| 9 年 | 36.25% | 20 年 | 61.00% | 31 年 | 85.75% |
| 10 年 | 38.50% | 21 年 | 63.25% | 32 年 | 88.00% |
| 11 年 | 40.75% | 22 年 | 65.50% | 33 年以上 | 90.00% |

## 規程例　退職金規程例（中退共活用型・定額拠出）

退　職　金　規　程

第１条（適用範囲）

1．この規程は、就業規則の規定に基づき社員の退職金について定める。

2．この規程による退職金制度は、会社に雇用され勤務する正社員に適用する。ただし、パートタイマー、嘱託など、就業形態が特殊な者についてはこの規程を適用しない。

第２条（基本退職金）

1．基本退職金の支給は、会社が各社員について勤労者退職金共済機構（以下「機構」という）との間に、退職金共済契約を締結することによって行う。

2．退職金共済契約の月額掛金は 10,000 円とする。

3．新規に雇い入れた社員については社員としての雇入れより満３年に達した日の翌年度４月に、機構と退職金共済契約を締結する。

4．月をまたいで就業規則に定める休職、産前産後休業、育児休業、介護休業をする期間は、その初日の属する月から復職した日の前月まで掛金の支払を行なわない。

5．基本退職金の支給額は、その掛金月額と掛金納付月数に応じ、中小企業退職金共済法に定められた額とする。

第３条（退職加算金）

1．定年により退職する際には、定年退職加算金を支給する。なお、その支給額は前条で定める基本退職金に○％を乗じて得た金額とする。

2．在職中、特に功労があったと認められる社員に対して、退職金に特別功労金を加算して支給することがある。

第４条（退職金の受給）

1．基本退職金は、社員に交付する退職金共済手帳により、機構から支給を受けるものとする。

2．社員が退職したときは、やむを得ない理由がある場合を除き、本人が遅滞なく退職金を請求できるよう、速やかに退職金共済手帳を本人に交付する。

3．定年退職加算金および特別功労金は、退職の日の翌月末日までに、本人名義の指定金融機関口座へ振込みにより支払う。

第5条（遺族の範囲および順位）

本人死亡のときの退職金を受ける遺族の範囲および順位は、中小企業退職金共済法第14条に定めるところによる。

第6条（改　　定）

この規程は会社の経営状況および社会情勢の変化等により必要と認めたときは、支給条件および支給水準を見直すことがある。

付　　　則

この規程は、令和○○年○○月○○日から施行する。

## 規程例　退職金規程例(中退共活用型・勤続年数拠出)

退　職　金　規　程

第１条（適用範囲）

1．この規程は、就業規則の規定に基づき社員の退職金について定める。

2．この規程による退職金制度は、会社に雇用され勤務する正社員に適用する。ただし、パートタイマー、嘱託など、就業形態が特殊な者についてはこの規程を適用しない。

第２条（基本退職金）

1．基本退職金の支給は、会社が各社員について勤労者退職金共済機構（以下「機構」という）との間に、退職金共済契約を締結することによって行う。

2．退職金共済契約の月額掛金は各人の勤続年数に基づき、別表のとおりとする。

3．新規に雇い入れた社員については社員としての雇入れより満３年に達した日の翌年度４月に、機構と退職金共済契約を締結する。

4．所定の勤続年数に達した社員は、翌年度４月より掛金を変更する。ただし、就業規則に定める休職、産前産後休業、育児休業、介護休業をする期間は当該勤続年数には含めない。

5．月をまたいで就業規則に定める休職、産前産後休業、育児休業、介護休業をする期間は、その初日の属する月から復職した日の前月まで掛金の支払を行なわない。

6．基本退職金の支給額は、その掛金月額と掛金納付月数に応じ、中小企業退職金共済法に定められた額とする。

第３条（退職加算金）

1．定年により退職する際には、定年退職加算金を支給する。なお、その支給額は前条で定める基本退職金に○％を乗じて得た金額とする。

2．在職中、特に功労があったと認められる社員に対して、退職金に特別功労金を加算して支給することがある。

第４条（退職金の受給）
1．基本退職金は、社員に交付する退職金共済手帳により、機構から支給を受けるものとする。
2．社員が退職したときは、やむを得ない理由がある場合を除き、本人が遅滞なく退職金を請求できるよう、速やかに退職金共済手帳を本人に交付する。
3．定年退職加算金および特別功労金は、退職の日の翌月末日までに、本人名義の指定金融機関口座へ振込みにより支払う。

第５条（遺族の範囲および順位）
本人死亡のときの退職金を受ける遺族の範囲および順位は、中小企業退職金共済法第 14 条に定めるところによる。

第６条（改　　定）
この規程は会社の経営状況および社会情勢の変化等により必要と認めたときは、支給条件および支給水準を見直すことがある。

付　　則

この規程は、令和○○年○○月○○日から施行する。

**別表　月額掛金表**

| 勤続年数 | 月額掛金 |
| --- | --- |
| 満 10 年未満 | 5,000 円 |
| 満 10 年以上 | 10,000 円 |
| 満 20 年以上 | 20,000 円 |
| 満 30 年以上 | 30,000 円 |

# 規程例　退職金規程例(中退共活用型・役職拠出)

退　職　金　規　程

第１条（適用範囲）

１．この規程は、就業規則の規定に基づき社員の退職金について定める。

２．この規程による退職金制度は、会社に雇用され勤務する正社員に適用する。ただし、パートタイマー、嘱託など、就業形態が特殊な者についてはこの規程を適用しない。

第２条（基本退職金）

１．基本退職金の支給は、会社が各社員について勤労者退職金共済機構（以下「機構」という）との間に、退職金共済契約を締結することによって行う。

２．退職金共済契約の月額掛金は各人の役職に基づき、別表のとおりとする。

３．役職に変更があった場合は、変更のあった日の翌月より掛金を変更する。社員は掛金の変更に同意しなければならない。

４．新規に雇い入れた社員については社員としての雇入れより満３年に達した日の翌年度４月に、機構と退職金共済契約を締結する。

５．月をまたいで就業規則に定める休職、産前産後休業、育児休業、介護休業をする期間は、その初日の属する月から復職した日の前月まで掛金の支払を行なわない。

６．基本退職金の支給額は、その掛金月額と掛金納付月数に応じ、中小企業退職金共済法に定められた額とする。

第３条（退職加算金）

１．定年により退職する際には、定年退職加算金を支給する。なお、その支給額は前条で定める基本退職金に○％を乗じて得た金額とする。

２．在職中、特に功労があったと認められる社員に対して、退職金に特別功労金を加算して支給することがある。

第４条（退職金の受給）

1．基本退職金は、社員に交付する退職金共済手帳により、機構から支給を受けるものとする。

2．社員が退職したときは、やむを得ない理由がある場合を除き、本人が遅滞なく退職金を請求できるよう、速やかに退職金共済手帳を本人に交付する。

3．定年退職加算金および特別功労金は、退職の日の翌月末日までに、本人名義の指定金融機関口座へ振込みにより支払う。

第５条（遺族の範囲および順位）

本人死亡のときの退職金を受ける遺族の範囲および順位は、中小企業退職金共済法第 14 条に定めるところによる。

第６条（改　　定）

この規程は会社の経営状況および社会情勢の変化等により必要と認めたときは、支給条件および支給水準を見直すことがある。

付　　　則

この規程は、令和〇〇年〇〇月〇〇日から施行する。

**別表　月額掛金表**

| 等級 | 月額掛金 |
|---|---|
| 一般 | 5,000 円 |
| 主任 | 8,000 円 |
| 課長 | 16,000 円 |
| 次長 | 22,000 円 |
| 部長 | 30,000 円 |

| 規程例 | 役員退職金規程例 |
|---|---|

# 役　員　退　職　金　規　程

第１条（適用範囲）

この規程は、取締役および監査役（以下、「役員」という）が退任した場合の退職金について定める。

第２条（退職金の支給要件）

退職金は役員が次の各号の一に該当する事由により退任した場合に、株主総会の決議に従い、この規程に基づき取締役会で決定し、支給する。

①　任期満了
②　死　亡
③　解　任
④　辞　任

第３条（退職金の算定方法）

１．退職金は、退任時の報酬月額に、次に掲げる退任時の職位ごとの係数と在任年数を乗じた額を支給基準額として、取締役会にて決定する。
①　会長・社長　３．０
②　専　務　　　２．５
③　常　務　　　２．３
④　取締役　　　２．０
⑤　監査役　　　１．０

２．前項の報酬月額と職位は、在任期間中の最高報酬月額および最高職位に読み替えることができる。

３．使用人兼務役員の退職金の算定においては、報酬月額に使用人分の給与を含むものする。したがって使用人兼務役員在任期間における従業員退職金は、不支給とする。

4．在任年数は、定時株主総会から翌年度定時株主総会までを1年として計算する。ただし、途中での就任または退任の場合の1年未満の在任期間は月割りとし、1ヶ月未満の端数は切り上げる。
5．非常勤役員の期間は、在任年数に含まないものとする。

第4条（特別功労金）
役員在任中、特別に功労があったと認められる場合は、前条の規定による退職金の他に、その50%を超えない範囲において功労加算を支給することができる。

第5条（特別減額）
1．退任役員のうち、会社の名誉を毀損し、あるいは会社に重大な損害を与えた者については、取締役会の決議により、相当の減額を行うことができる。
2.経営状況の著しい悪化や社会情勢の変化等のやむを得ない事由によって、この規程による支給が困難な場合は、取締役会の決議により、一部を減額することがある。

第6条（控　　除）
退職金の支給に際しては、法令に定めるほか、支給を受ける者が会社に対して負う債務を控除する。

第7条（支払の時期および方法）
1．退職金は、株主総会の決議後すみやかに支給する。ただし、やむを得ない事由があるときは支給を延期することがある。また、退任役員と協議の上、分割支給とすることもある。
2．死亡による退任の場合は、取締役会の決議後すみやかに支給するものとする。

第8条（退任または転任時の取り扱い）
代表取締役を退任した場合、あるいは常勤から非常勤役員に転任した場合には、その都度株主総会の決議を経て、退職金を支給する。ただし、役員を継続する場合は当該役員と協議の上、最終の役員退任時に一括して支給することがある。

第９条（遺族の範囲および順位）
本人死亡のときの退職金を受ける遺族の範囲および順位は、労働基準法施行規則第 42 条から第 45 条までに定めるところによる。

第 10 条（会社加入の事業保険）
退職金と関連のある会社加入の生命保険等の受取保険金または中途解約返戻金は、全額会社に帰属する。

第 11 条（改　　定）
この規程は会社の経営状況および社会情勢の変化等により必要と認めたときは、株主総会の決議を経て、支給条件および支給水準を見直すことがある。

付　　　則

この規程は、令和○○年○○月○○日から施行する。

## 様式例　退職金制度改定に関する確認書

確　認　書

私は、以下の内容について、会社より説明を受け、
内容を確認し、了承しました。

記

1．令和○年○月○日付で退職金規程が改定になること。

1．令和○年○月○日までの退職者には、経過措置があり、改定前の退職金規程で計算した退職金と改定後の退職金規程で計算した退職金のいずれか多い方の金額が退職金となること。

1．令和○年○月○日以降の退職者は、改定後の退職金規程で計算された退職金が支給されること。

以上

年　　月　　日

氏　　名　　　　　　　　　　　印

## 様式例　退職金制度改定に関する確認書(ポイント制移行)

確　認　書

私は、以下の内容について、会社より説明を受け、内容を確認し、了承しました。

記

1．令和〇年〇月〇日付で退職金規程が改定になること。

1．制度改定に伴い、改定日前日現在の私の退職金ポイントは次のとおりであること。

| | |
|---|---|
| 勤続ポイント | ポイント |
| 貢献ポイント | ポイント |
| 退職金ポイント計 | ポイント |

1．令和〇月〇日までの退職者には、経過措置があり、改定前の退職金規程で計算した退職金と改定後の退職金規程で計算した退職金のいずれか多い方の金額が退職金となること。

1．令和〇年〇月〇日以降の退職者は、改定後の退職金規程で計算された退職金が支給されること。

以上

年　　月　　日

氏　　名　＿＿＿＿＿＿＿＿＿＿＿＿＿＿＿＿＿＿　印

# 様式例　就業規則(変更)届

就　業　規　則　(変　更)　届

○○労働基準監督署長殿

平成　　　年　　　月　　　日

今回、別添のとおり当社の退職金規程を変更いたしましたので、
従業員代表の意見書を添付のうえお届けします。

事業所の所在地

事業所の名称

使用者職氏名　　　　　　　　　　　　　　　　　　印

## 様式例　就業規則意見書

意　見　書

事業主　殿

令和○年○月○日付改定の退職金規程について、下記のとおり意見を提出します。

記

以上

令和　　年　　月　　日

従業員代表　　　　　　　　　　　　　　印

# 様式例　退職所得の受給に関する申告書（退職所得申告書）

| 年　月　日<br>税務署長<br>市町村長 殿 | 年分　□退職所得の受給に関する申告書<br>□退　職　所　得　申　告　書 |
|---|---|

| 退職手当の支払者の | | | あなたの | | |
|---|---|---|---|---|---|
| | 所在地（住所） | 〒 | | 現住所 | 〒 |
| | 名称（氏名） | | | 氏名 | ㊞ |
| | 法人番号（個人番号） | ※提出を受けた退職手当の支払者が記載してください。 | | 個人番号 | |
| | | | | その年1月1日現在の住所 | |

**A**　このA欄には、全ての人が、記載してください。（あなたが、前に退職手当等の支払を受けたことがない場合には、下のB以下の各欄には記載する必要がありません。）

| | | | | |
|---|---|---|---|---|
| ① 退職手当等の支払を受けることとなった年月日 | 年　月　日 | ③ この申告書の提出先から受ける退職手当等についての勤続期間 | 自　年　月　日<br>至　年　月　日 | 年 |
| ② 退職の区分等 | □一般・□障害 〔　　〕 生活扶助の□有・□無 | うち特定役員等勤続期間　□有 □無 | 自　年　月　日<br>至　年　月　日 | 年 |
| | | うち重複勤続期間　□有 □無 | 自　年　月　日<br>至　年　月　日 | 年 |

**B**　あなたが本年中に他にも退職手当等の支払を受けたことがある場合には、このB欄に記載してください。

| | | | | | |
|---|---|---|---|---|---|
| ④ 本年中に支払を受けた他の退職手当等についての勤続期間 | 自　年　月　日<br>至　年　月　日 | | ⑤ ③と④の通算勤続期間 | 自　年　月　日<br>至　年　月　日 | 年 |
| うち特定役員等勤続期間　□有 □無 | 自　年　月　日<br>至　年　月　日 | 年 | うち特定役員等勤続期間　□有 □無 | 自　年　月　日<br>至　年　月　日 | 年 |
| | | | うち重複勤続期間　□有 □無 | 自　年　月　日<br>至　年　月　日 | 年 |

**C**　あなたが前年以前4年内（その年に確定拠出年金法に基づく老齢給付金として支給される一時金の支払を受ける場合には、14年内）に退職手当等の支払を受けたことがある場合には、このC欄に記載してください。

| | | | | |
|---|---|---|---|---|
| ⑥ 前年以前4年内（その年に確定拠出年金法に基づく老齢給付金として支給される一時金の支払を受ける場合には、14年内）の退職手当等についての勤続期間 | 自　年　月　日<br>至　年　月　日 | ⑦ ③又は⑤の勤続期間のうち、⑥の勤続期間と重複している期間 | 自　年　月　日<br>至　年　月　日 | 年 |
| | | ㋑ うち特定役員等勤続期間との重複勤続期間　□有 □無 | 自　年　月　日<br>至　年　月　日 | 年 |

**D**　A又はBの退職手当等についての勤続期間のうちに、前に支払を受けた退職手当等についての勤続期間の全部又は一部が通算されている場合には、その通算された勤続期間等について、このD欄に記載してください。

| | | | | | |
|---|---|---|---|---|---|
| ⑧ Aの退職手当等についての勤続期間（③）に通算された前の退職手当等についての勤続期間 | 自　年　月　日<br>至　年　月　日 | 年 | ⑩ ③又は⑤の勤続期間のうち、⑧又は⑨の勤続期間だけからなる部分の期間 | 自　年　月　日<br>至　年　月　日 | 年 |
| うち特定役員等勤続期間　□有 □無 | 自　年　月　日<br>至　年　月　日 | 年 | ㋺ うち特定役員等勤続期間　□有 □無 | 自　年　月　日<br>至　年　月　日 | 年 |
| ⑨ Bの退職手当等についての勤続期間（④）に通算された前の退職手当等についての勤続期間 | 自　年　月　日<br>至　年　月　日 | 年 | ⑪ ⑦と⑩の通算期間 | 自　年　月　日<br>至　年　月　日 | 年 |
| うち特定役員等勤続期間　□有 □無 | 自　年　月　日<br>至　年　月　日 | 年 | ㋩ うち㋑と㋺の通算期間 | 自　年　月　日<br>至　年　月　日 | 年 |

**E**　B又はCの退職手当等がある場合には、このE欄にも記載してください。

| 区分 | | 退職手当等の支払を受けることとなった年月日 | 収入金額（円） | 源泉徴収税額（円） | 特別徴収税額 市町村民税（円） | 特別徴収税額 道府県民税（円） | 支払を受けた年月日 | 退職の区分 | 支払者の所在地（住所）・名称（氏名） |
|---|---|---|---|---|---|---|---|---|---|
| B | 一般 | ・　・ | | | | | ・　・ | □一般・□障害 | |
| B | 特定役員 | ・　・ | | | | | ・　・ | □一般・□障害 | |
| C | | ・　・ | | | | | ・　・ | □一般・□障害 | |

（注意）1　この申告書は、退職手当等の支払を受ける際に支払者に提出してください。提出しない場合は、所得税及び復興特別所得税の源泉徴収税額は、支払を受ける金額の20.42%に相当する金額となります。また、市町村民税及び道府県民税については、延滞金を徴収されることがあります。
2　Bの退職手当等がある人は、その退職手当等についての退職所得の源泉徴収票(特別徴収票)又はその写しをこの申告書に添付してください。
3　支払を受けた退職手当等の金額の計算の基礎となった勤続期間に特定役員等勤続期間が含まれる場合は、その旨並びに特定役員等勤続期間、年数及び収入金額等を所定の欄に記載してください。

（規格A4）

27.06 改正

## 著者略歴


### 川島　孝一（かわしま　こういち）

有限会社人事・労務チーフコンサルタント、社会保険労務士、中小企業福祉事業団幹事、日本経営システム学会会員。
1966年、東京都大田区生まれ。早稲田大学理工学部卒業後、サービス業にて人事・管理業務に従事後、現職。
クライアント先の人事制度、賃金制度、退職金制度をはじめとする人事・労務の総合コンサルティングを担当し、複数社の社外人事部長・労務顧問を兼任する。経営者の視点に立ったわかりやすく、論理的な手法に定評がある。
著書には、『適年廃止後の退職金再設計の実務』『労務トラブル防止法の実務』（以上、セルバ出版）、『給与計算の事務がしっかりできる本』（かんき出版）など。

### 有限会社　人事・労務

現在、社長を務める矢萩大輔が、1995年に26歳のときに東京都内最年少で開設した社労士事務所が母体となり、1998年に人事・労務コンサルタント集団として設立。これまでに400社を超える人事制度・賃金制度、ＥＳコンサルティング、就業規則作成などのコンサルティング実績がある。2004年から社員のＥＳ（従業員満足）向上を中心とした取組みやＥＳ向上型人事制度の構築などを支援しており、多くの企業から共感を得ている。最近は「地域を大切にする企業とともに。新しい時代へ、もっとつながりある社会へ！人事・キャリアのＥＳ技術を通して貢献します」をコンセプトに、これまでのＥＳ（従業員満足）に環境、地域、社会貢献などのＳＳ（社会的満足）の視点も加え、幅広く企業の活性化のためのコンサルティングを行っている。
HP：http://www.jinji-roumu.com/



2024年１月改訂

**Ｑ＆Ａ　中小企業の「退職金の見直し・設計・運用」の実務**

2014年７月10日　初版発行　　2015年10月９日　第２刷発行
2017年２月16日　改訂版発行
2019年６月18日　改訂２版発行
2021年７月9日　改訂３版発行　　2023年８月23日　改訂３版第４刷発行
2024年２月28日　改訂４版発行

著　者　川島　孝一　© Koichi Kawashima

発行人　森　　忠順

発行所　株式会社 セルバ出版
〒113-0034
東京都文京区湯島１丁目12番６号 高関ビル５Ｂ
☎ 03（5812）1178　FAX 03（5812）1188
https://seluba.co.jp/

発　売　株式会社 三省堂書店 / 創英社
〒101-0051
東京都千代田区神田神保町１丁目１番地
☎ 03（3291）2295　FAX 03（3292）7687

印刷・製本　株式会社 丸井工文社





Printed in JAPAN
ISBN978-4-86367-875-0